TRAITÉ

DE LA

REPRÉSENTATION.

TRAITÉ
DE LA
REPRÉSENTATION

SUIVANT LE CODE NAPOLÉON;

PAR M.e BRUNNETIÈRE aîné,

Ancien Avocat au Parlement de Paris, et exerçant maintenant à la Cour impériale de la même ville.

A PARIS,

Chez L'AUTEUR, rue Sainte-Hyacinthe, n.° 20.
CLOSTERMANN, libraire, rue du Jardinet, n.° 13.

DE L'IMPRIMERIE DE DIDOT JEUNE.

1812.

AVERTISSEMENT.

NOUS offrons au Public un Traité de la Représentation : il est devenu nécessaire à cause des changemens survenus dans notre législation : un jeune homme qui se livrerait *de plano* à l'étude des Auteurs qui en ont parlé, serait exposé à s'égarer ; c'est pourquoi nous avons pensé qu'un ouvrage sur cette matière serait utile à ceux qui entrent dans la carrière du Barreau. Le plan que nous avons suivi est simple et conforme à ceux qu'offrent les Traités de Pothier et de plusieurs autres jurisconsultes. Nous nous sommes d'abord occupés de l'origine de la Représentation et des motifs qui l'ont fait admettre. Nous avons ensuite rapporté les dispositions du Droit romain relatives à la Représentation. Quant à nos anciennes Coutumes, nous avons scrupuleusement signalé ce qui les différencie à cet égard, et indiqué les divers articles qui embrassent cette matière. Rien ne démontre mieux que cette multiplicité de dispositions, la nécessité d'une loi unique pour toutes les parties de l'Empire ; cette loi bienfaisante, la France la doit à son Souverain, dont la sagesse égale la bravoure. Après nous être occupés du Droit écrit et du Droit coutumier, nous avons cité les dispositions du Code Napoléon, et à l'exemple de Pothier, établi des règles générales propres à fixer les idées et les principes. Enfin nous avons résolu diverses questions que ce Code laisse indécises. Nous n'aspirons point à la gloire d'auteur : nous le répétons, le seul but que nous avons, est de diriger la marche de ces jeunes athlètes qui font l'espérance et qui seront un jour l'ornement du Barreau.

TRAITÉ
DE LA
REPRÉSENTATION.

CHAPITRE PREMIER.

De la Représentation en général, de son origine, et des motifs qui l'ont fait admettre.

1.° *De la Représentation en général.*

COMMENÇONS par poser pour première maxime que toutes définitions du droit sont dangereuses, parce qu'il en est peu qui soient assez exactes pour qu'un adversaire exercé n'en puisse tirer quelque avantage. *Omnis definitio jure civili periculosa est; parùm est enim ut non subverti posset.* L. 202, *de Regulis juris.*

Posons pour seconde maxime qu'une définition est l'explication de la nature d'une chose par son genre et sa différence. Le législateur a atteint ce but en définissant la représentation, « une fiction de la loi « dont l'effet est de faire entrer les « représentans dans la place, dans « le degré, et dans les droits du « représenté ». Art. 739 du Code Napoléon.

Avant l'existence de ce Code, que plusieurs nations se sont fait gloire d'adopter, les auteurs n'étaient pas d'accord sur la définition du droit de représentation ; ils convenaient tous cependant que c'est *Jus quo intrant filii filiæve in locum patris vel matris prædefunctorum, et personam illorum repræsentans fictione quâdam juris, ad hunc scilicet effectum, ut tantùm capiant ex hære-*

ditate quantùm habuisset suus parens, si vixisset.

Par exemple, Pontanus, sur l'article 140 de la Coutume de Blois, en voulant définir le droit de représentation et expliquer quel est son véritable effet, débute par dire : *Non ita accipito repræsentationem, ut facit utiquè vulgus, pro eo quod est, in locum defuncti succedere, etc., eum cui succeditur repræsentare.* Et après avoir expliqué l'inconvénient qu'il y aurait de le définir ainsi, il ajoute : *Sic accipienda est repræsentatio, ut patre mortuo, qui primum locum tenebat, ejus filius qui tunc vivente patre in secundo erat gradu, ille in primum jus subintret qui per mortem patris vacabat.*

Suivant Ricard, Traité de la représentation, t. 2, chap. I.er, nombre 4, pag. 555, « c'est un moyen par le-

« quel celui qui se trouve, dans l'or-
« dre de la nature, éloigné d'un ou
« plusieurs degrés pour venir à une
« succession, y est néanmoins ap-
« pelé par ce bénéfice, en le faisant
« représenter, ses ascendans morts na-
« turellement, ou civilement au temps
« de la succession échue, et feignant
« qu'il est au degré de l'ascendant,
« qui était en degré égal avec ceux qui
« représentent lors les plus proches
« pour recueillir une succession ».

Duplessis, dans ses manuscrits, définit ainsi la représentation : « C'est, « dit-il, une fiction légale par la- « quelle on est mis au lieu et place « de celui qu'on représente ».

Il était difficile de donner une bonne définition de la représentation, parce que nos coutumes se contrariaient sur l'effet principal de ce droit; aussi chaque auteur ne l'a définie que par rapport à la coutume sur laquelle il a écrit.

2.° *De l'origine de la Représentation.*

Nous apprenons de Ricard, Traité de la Représentation (1), tom. 2, chap. 24, nombre 22, pag. 553, et de Lemaître, tit. 15, pag. 491, que la représentation n'était point admise au commencement de la monarchie, ni en ligne directe ni en ligne collatérale : c'était une injustice criante par rapport à la ligne directe, et cependant on ne s'était pas empressé de la corriger, même à Paris, du temps de Jean Desmarets, suivant sa décision 238.

Dans l'ancienne Coutume de Paris, rédigée en 1510, on admit enfin la représentation dans la ligne directe

(1) Ce Traité est à la suite de celui des Donations.

sans autre explication : c'était un premier pas vers la justice ; mais l'exclusion subsista pour la ligne collatérale.

Quatre ans après on rédigea la Coutume de la Rochelle ; à cette époque les idées changèrent, puisque la représentation fut admise à l'infini en ligne directe et en ligne collatérale entre les frères et les enfans des frères, c'est-à-dire, conformément au Droit romain ; ce qui fut adopté dans presque toutes les autres Coutumes, qui furent rédigées ou réformées postérieurement.

La contrariété qui règne entre les anciennes Coutumes sur le droit de représentation a fait naître la question de savoir si son admission en France était un ancien usage des Gaules, ou si elle avait pour cause la Novelle de Justinien ; car il est difficile de croire que, si toutes ces lois avaient eu le même principe, elles eussent admis des effets si différens.

Les auteurs qui enseignent que le droit de représentation est un ancien usage de la France, lequel y existait avant la Novelle de Justinien, se fondent sur une ordonnance de Childebert; cette ordonnance, qui est rapportée par M. l'avocat-général Bignon sur le chap. 10 des Formules de Marculfe, est ainsi conçue: *Nepos ex filio, vel ex filiâ ad aviticas res, cùm avunculis vel amitis sic venirent, tanquam si pater aut mater vivi fuissent.*

Guiné, Traité de la Représentation, pag. 6 et suivantes, *édition de* 1727, observe judicieusement que « cette ordonnance fait bien con« naître qu'il y a très-long-temps « que la représentation a lieu en « France (c'est-à-dire en ligne di-

« recte; car elle ne parle pas de la « collatérale); mais elle ne justifie « pas qu'elle y fût en usage avant « la Novelle de Justinien; car cette « ordonnance n'est que de *l'année* « 595; et la Novelle de Justinien, « qui a introduit le droit de repré- « sentation est de *l'année* 543. Ainsi « il n'y a nul inconvénient de dire « que dans cet intervalle de 52 ans « on ait appris en France ce que « Justinien avait établi de la repré- « sentation, et qu'elle n'ait été re- « çue dans le royaume comme une « manière de succéder très-équitable « et très-conforme au droit naturel.

« Ce qu'on en peut raisonnable- « ment conjecturer, est que Childe- « bert ne voulant pas donner à la « Novelle de Justinien l'autorité de « lois en France, a voulu y intro- « duire le même droit par une or-

« donnance particulière ; *mais cela* « *n'empêche pas qu'il ne soit vrai de* « *dire que la source et l'origine de* « *ce droit procède de cette Novelle.*

« Mais dans le même lieu où l'on « trouve l'origine, ou plutôt l'intro- « duction de ce droit de représen- « tation en France, on y trouve en « même temps que ce droit n'y a pas « été long-temps en usage ; car la « Formule de Marculfe, sur laquelle « M. Bignon fait mention de cette « ordonnance, est la formule d'un « acte par lequel un père rappelle à « sa succession les enfans de sa fille « pour la part que leur mère y aurait « dû avoir : *Sicut genitrix vestra, si* « *superstes fuisset, ita et vos cum* « *avunculis vestris succedere facia-* « *tis.* Si la représentation y avait été « en usage, le rappel y aurait été inu- « tile ; ainsi on ne trouve dans cet

« ancien temps à l'égard de ce droit « que de l'obscurité et de l'incerti- « tude.

« Aussi ne faut-il pas chercher si « loin la cause de la diversité de nos « Coutumes : il y aurait de l'impossi- « bilité de l'y trouver ; car leur ori- « gine n'est pas si ancienne ; elles ne « procèdent que du changement qui « arriva dans le royaume lors du « couronnement de Hugues-Capet, « que les ducs, les comtes et les ba- « rons du royaume, ayant rendu « leurs gouvernemens héréditaires « et patrimoniaux sous la simple « mouvance de la couronne, cha- « cun s'attribua le droit de rendre « la justice à ses sujets, chacun éri- « gea des juges dans son territoire ; « des prevôts pour juger en première « instance, des baillis pour juger en « cause d'appel, et leur cour pour

« juger souverainement les affaires « les plus importantes ; et comme « ils avaient usurpé le pouvoir sou- « verain, ils établirent tels usages, « tels règlemens, telles lois que bon « leur semblait dans l'étendue de « leur territoire. Ce fut même un « effet de leur politique pour main- « tenir leurs sujets dans une plus « grande union entre eux, de leur « donner des lois et des usages dif- « férens de ceux de leurs voisins ; et « ce sont ces mêmes territoires qui « font encore aujourd'hui l'étendue « et les bornes de nos différentes « Coutumes.

« Il ne faut pas non plus chercher « dans cette antiquité quel était l'u- « sage du droit de représentation « dans le royaume ; car dans ces pre- « miers temps les Coutumes n'étaient « point écrites ; on n'établissait la

« preuve des usages que par la tra-
« dition, c'est-à-dire par des actes de
« notoriété. Nous ne voyons rien
« de plus ancien, qui nous marque
« le temps de leur rédaction par
« écrit, que l'ordonnance de *Char-*
« *les VII de l'année* 1453, et M.e
« Charles Dumoulin remarque sur la
« Coutume du Boulenois que lors
« de ces premières rédactions le
« droit de représentation n'était pres-
« que pas en usage : cette Coutume
« l'exclut absolument tant en directe
« qu'en collatérale ; et M.e Charles
« Dumoulin y a écrit : *Valdè in-*
« *justa, et corrigenda ; tamen om-*
« *nes ferè consuetudines, à Parisiis*
« *trans Sequanam versus aquilonem,*
« *pares olim fuerunt.* Néanmoins on
« ne peut pas dire qu'il y fût absolu-
« ment inconnu, non-seulement
« parce que, dès le temps de ces

« premières rédactions, la Novelle « de Justinien était connue en Fran- « ce; mais encore plus parce que, « comme ce droit avait été introduit « dans le royaume par une ordon- « nance expresse (pour la ligne di- « recte), il n'est pas probable « qu'elle fût restée entièrement sans « exécution.

« Ce qu'on en peut présumer de « plus raisonnable, est que ce droit, « qui n'était en usage que dans quel- « ques provinces particulières, s'est « insensiblement établi et commu- « niqué dans les autres. On voit par « les procès verbaux des anciennes « Coutumes que, dans celles qui le re- « jettent absolument, on l'a d'abord « introduit pour la ligne directe « seulement; et dans les réforma- « tions suivantes on l'a aussi intro- « duit dans la collatérale; et comme

« dans ces réformations on a donné
« la liberté aux États de chaque pro-
« vince d'y faire tels changemens
« que bon leur a semblé, le pen-
« chant et l'inclination des peuples
« de chaque pays a servi de raison
« principale aux décisions qui s'y
« trouvent écrites. L'idée des com-
« missaires députés pour ces réfor-
« mations n'y a pas peu contribué;
« et il est même difficile de ne pas
« croire que l'intérêt particulier des
« personnes d'autorité dans les pro-
« vinces n'y ait pas eu beaucoup de
« part; mais cependant ce sont pré-
« sentement des lois qu'il faut suivre,
« sans en rechercher plus avant ni
« la cause ni la raison.

« Ce qu'on doit poser pour cer-
« tain est que tous les rédacteurs de
« ces différentes Coutumes ont eu à
« cet égard pour base et pour le plan

« de leurs raisonnemens et de leurs « décisions la disposition du droit « civil, les uns pour s'y conformer, « les autres pour donner à la repré- « sentation un effet plus étendu que « Justinien ne lui en avait voulu don- « ner, et les autres pour en retran- « cher quelque chose ou pour le re- « jeter entièrement »....

3.° *Des motifs qui ont fait admettre la Représentation, soit en ligne directe, soit en ligne collatérale.*

La loi civile a imité la loi naturelle; elle a puisé le droit de représentation dans le cœur de l'homme: c'est pourquoi elle appelle pour le représenter ses plus proches héritiers.

On ne peut rien lire de plus éloquent sur les motifs qui ont fait admettre la représentation que ce que dit l'orateur du barreau français,

(Cochin, tome 3, pag. 755); ce qui nous stimule à rapporter littéralement les expressions de ce profond jurisconsulte; les voici :

« D'ailleurs quel est le fondement « du droit de représentation? Il est pris « dans la nature; chaque personne « doit desirer que son bien passe à « ses plus proches parens. Quand un « homme a des enfans, son vœu est « que ses biens leur passent après son « décès; si la mort lui enlève l'un « des deux laissant des enfans, son « vœu est encore que ce qui au« rait appartenu à celui que la mort « lui a enlevé passe à ses enfans ».

Voilà les motifs qui ont fait admettre la représentation dans la ligne directe; voici ceux que donne le même orateur, tome 1er, pag. 281 et 282, pour son admission dans la ligne collatérale.

« Le vœu de toutes les lois est de « déférer les successions aux plus « proches parens de ceux qui sont « décédés, et de les partager égale- « ment entre tous ceux qui se trou- « vent au même degré. C'est ce qui « est renfermé sous cette règle gé- « nérale: *Le mort saisit le vif, son « plus prochain héritier habile à lui « succéder;* règle fondée sur la pré- « somption que le défunt avait une « égale affection pour ceux qui lui « appartenaient également, ou qu'il « devait du moins l'avoir; car la loi « s'élevant toujours au-dessus des pas- « sions des hommes, consulte plus les « sentimens qu'ils devraient avoir « que ceux qu'ils ont en effet. . . .

« La loi, en établissant la repré- « sentation, n'a pris que la nature « pour guide; celui qui avait deux « frères pour héritiers présomptifs,

« et qui comptait, dans la règle com- « mune, leur laisser à chacun la moi- « tié de son bien, ou autre portion « réglée par la Coutume, ne doit pas « changer de volonté parce que ses « frères sont morts avant lui; les es- « pérances ou les droits des enfans de « chaque frère ne doivent pas souf- « frir du malheur qu'ils ont eu de « perdre leur père : ainsi la loi con- « serve aux enfans dans chaque ligne « la même part qui serait venue au « chef de la ligne lui-même s'il était « encore vivant.

« Ce que la loi avait établi sage- « ment dans son principe pour le par- « tage entre les frères, elle le soutient « dans la suite entre leurs enfans, « nonobstant les révolutions que la « mort a causées; ce ne sont point les « enfans qu'elle considère, mais leur

« père qu'ils représentent, et dont ils « exercent les droits ».

Finissons par rapporter la pensée de M. de Lépine de Grainville, dans son Récueil d'arrêts de la quatrième chambre des enquêtes du Parlement de Paris, page 467; la voici:

« La représentation selon nos « mœurs, dit ce savant magistrat, « est une grace accordée par la loi « pour faire cesser, en faveur de celui « qui était dans un degré plus éloigné, « la règle ancienne, *proximus agna-* « *tus familiam habeto*. Le mort saisit « le vif son plus prochain héritier; « cette représentation n'est qu'un rap- « pel et un rapprochement établi « par la loi; elle n'a d'autre effet que « de faire cesser le privilége de la « priorité du degré, et de faire con- « courir celui qui est dans le second

« degré avec celui qui est dans le « premier, et qui, sans la représen- « tation, l'aurait exclu ».

CHAPITRE II.

De la Représentation admise par les Novelles 118 *et* 127.

Suivant l'ancien droit civil la représentation proprement dite était inconnue : l'on sait que la loi des Douze Tables déférait d'abord les successions aux héritiers *siens*, après aux *agnats*, et ensuite aux *gentils* ; et dans chacune de ces trois classes on ne pouvait être admis à recueillir une succession que de son propre chef, et jamais par représentation d'une personne décédée avant le défunt.

Cette loi appelait cependant le petit-fils à la succession de son aïeul concurremment avec ses oncles et tantes; mais ce n'était pas par représentation; c'était en conséquence d'un droit de *suite* qui déférait la succession d'une personne à tous ceux qui, au moment de son décès, étaient sous sa puissance dans un degré immédiat; car dès que le fils mourait ou sortait de la famille par émancipation, le petit-fils était sous la puissance immédiate de son aïeul, et, par ce moyen, devenait héritier sien de son chef; la représentation y participait si peu, que le petit-fils né de la fille qui n'était pas *sien* ne pouvait succéder qu'au défaut des agnats et des gentils.

Ce qui prouve encore qu'on n'avait nullement égard à la représentation dans la succession du petit-fils *sien* à l'aïeul, c'est que dans la suite le préteur (Dig. *de conjungendis cum emancipato liberis*), pour tempérer la rigueur des Douze Tables, qui préféraient le petit-fils *sien* au fils émancipé, a voulu qu'ils concourussent ensemble et partageassent également la succession. Ce concours n'aurait certainement pas eu lieu, si le petit-fils eût tenu son droit de la représentation, parce que le représentant succède toujours au défaut du représenté, et jamais avec lui.

La première trace que l'on trouve de la représentation proprement dite, est dans l'édit du préteur, intitulé *undè liberi;* par cet édit le fils émancipé devait concourir avec ses frères et sœurs et héritiers *siens*; et s'il prédécédait laissant des enfans qui n'étaient pas sous la puissance de son père, ils devaient jouir des mêmes droits que lui. (Dig. *Si tabulæ testamenti nullæ extabunt.*)

Les empereurs Valentinien, Théodose et Arcade ont étendu cette faveur aux petits-fils nés des filles; mais ces législateurs, pour conserver à leur égard quelque reste de l'ancien droit, ont voulu qu'en cas de concours avec des enfans du premier degré, ils prissent un tiers moins que leur portion virile; et que, s'ils étaient au contraire les seuls héritiers en ligne directe, ils seraient tenus d'abandonner un quart de la succession aux agnats collatéraux. (L. 9, Cod. *de Suis et legitimis Liberis.* L. 4. Cod. Theod. *de legitimis Hæredibus.*)

Justinien, dans son Code, a laissé subsister la première de ces restrictions; mais il a abrogé la seconde par la loi 12 du titre *de Suis et legitimis Liberis.*

Jusqu'à cette époque le droit de représentation était imparfait pour la ligne directe, et il était nul pour la collatérale; mais la Novelle 118 de Justinien a introduit à l'égard de l'un et de l'autre un nouvel ordre de succession. Ce droit créé pour celle-ci, et perfectionné pour celle-là, produit des effets très-importans.

Le chapitre Ier de la Novelle 118, *de la succession des descendans*, veut que la succession d'un ascendant soit partagée entre tous ses enfans, en quelque degré qu'ils soient, sans distinction des mâles d'avec les femelles, ni des *siens* d'avec les émancipés, et que ce partage se fasse entre eux par têtes, s'ils sont au premier degré, et par souches, s'ils viennent à titre de représentation d'un fils ou d'une fille décédés avant celui de la succession dont il s'agit. *Si quis igitur descen-*

dentium fuerit ei qui intestatus moritur, cujuslibet naturæ aut gradûs, sive ex masculorum genere, sive ex feminarum descendens, et sive suæ potestatis, sive sub potestate sit: omnibus ascendentibus et ex latere cognatis præponatur.

Licèt enim defunctus sub alterius potestate fuerit, tamen ejus filii, cujuslibet sexûs sint aut gradûs, etiam ipsis parentibus præponi præcipimus quorum sub potestate fuerit, qui defunctus est in illis videlicet rebus quæ secundùm nostras alias leges patribus non acquiruntur. Nam in usu harum rerum qui debet acquiri, aut servari, nostras de his omnibus legis parentibus custodimus: sic tamen, ut si quem horum descendentium filios relinquentem mori contigerit, illius filios aut filias, aut alios descendentes in proprii parentis locum succedere, sive sub potestate defuncti, sive suæ potestatis inveniantur : tantam de hæreditate morientis accipientes partem, quanticumque sint, quantam eorum parens, si viveret, habuisset : quam successionem in stirpes vocavit antiquitas : in hoc enim ordine gradum quæri nolumus, sed cum filiis et filiabus ex præmortuo filio aut filiâ, nepotes vocari sancimus; nulla introducenda differentia sive masculi sive feminæ sint, et ceu ex masculorum ceu feminarum prole descendant, sive suæ potestatis, sive sub potestate sint constituti : et hæc quidem de successionibus descendentium disponimus. Consequens autem esse perspeximus et ascendentibus constituere, quomodò ad descendentium successionem vocentur.

Le chapitre II de la même Novelle,

de la succession des ascendans, défère les successions aux ascendans, au défaut de tous les descendans; il n'y a point de représentation à leur égard quant à la proximité; le père exclut l'aïeul; celui-ci le bisaïeul, etc.; mais, lorsqu'il s'en trouve plusieurs au même degré, il y a entre eux une espèce de représentation en vertu de laquelle les ascendans paternels prennent la moitié de la succession, et les ascendans maternels l'autre moitié, quoique le nombre soit plus petit d'un côté que de l'autre.

Si igitur defunctus descendentes quidem non relinquat hæredes, pater autem aut mater, aut alii parentes ei supersint, omnibus ex latere cognatis hos præponi sancimus, exceptis solis fratribus ex utroque parente conjunctis defuncto, sicut per subsequentia declarabitur. Si autem plurimi ascendentium vivunt, hos præponi jubemus, qui proximi gradu reperiuntur, masculos et feminas, sive paterni, sive materni sint.

Si autem eumdem habeant gradum, ex æquo inter eos hæreditas dividatur: ut medietatem quidem accipiant omnes à patre ascendentes quanticunque fuerint, medietatem verò reliquam à matre ascendentes, quantoscunque eos inveniri contigerit.

Si verò cum ascendentibus inveniantur fratres aut sorores ex utrisque parentibus conjuncti defuncto, cum proximis gradu ascendentibus vocabuntur: si et pater aut mater fuerint, dividendo inter eos quippè hæreditate secundùm personarum numerum uti et ascendentium et fratrum singuli æqualem habeant portionem: nullum usum ex filiorum aut filiarum portione in hoc casu valente patre sibi penitùs vindicare, quoniam, pro hâc usus portione, hæreditatis jus et secundùm proprietatem per præsentem dedimus legem : differentia nulla secunda inter personas istas sive feminæ sive masculi fuerint, qui ad hæreditatem vocantur : et sive per masculi, sive per feminæ personam copulantur, et sive suæ potestatis, sive sub potestate fuerit is cui succedunt. Reliquum est ut tertium ordinem decernamus qui vocatur ex latere, et in agnatos et cognatos dividitur : ut etiam hâc parte dispositâ, undiquè perfecta lex inveniatur.

Le chapitre III, *de la succession des collatéraux*, admet la représentation en ligne collatérale ; mais il ne lui donne pas une étendue indéfinie, comme en ligne directe descendante ; car il l'a limitée à deux cas:

Le premier est lorsque celui de

la succession duquel il s'agit a laissé pour héritiers des frères, des sœurs et des enfans d'autres frères ou sœurs prédécédés : il est vrai que ces enfans sont plus éloignés d'un degré du défunt que leurs oncles ou tantes; mais, par l'effet de la représentation, ils entrent au lieu et place de leur père ou mère, et ils exercent dans sa succession les mêmes droits que leur père ou mère y auraient exercés, c'est-à-dire qu'ils prennent une portion virile à l'exclusion de leurs oncles et tantes, et que même ils les excluent entièrement lorsqu'ils ont sur eux l'avantage du double lien.

Le second cas est lorsque le défunt a laissé des oncles et des neveux ; quoi qu'ils soient tous au même degré, c'est-à-dire au troisième, les neveux ne laissent pas d'exclure les oncles par la représentation de leur père, qui était au second degré.

Si igitur defunctus neque descendentes neque ascendentes reliquerit, primos ad hæreditatem vocamus fratres et sorores ex eodem patre et ex eâdem matre natos : quos etiam cum patribus ad hæreditatem vocavimus : his autem non existentibus, in secundo ordine illos fratres ad hæreditatem vocamus, qui ex uno parente conjuncti sunt defuncto, sive per patrem solum, sive per matrem ; si autem defuncto fratres fuerint, et alterius fratris aut sororis præmortuorum filii, vocabuntur ad hæreditatem : isti cùm de patre et matre thiis *masculis et feminis; et quanticumque fuerint, tantam ex hæreditate percipient portionem, quantam eorum parens futurus esset accipere, si superstites esset. Undè conséquens est ut si fortè præmortuus frater cujus filii vivunt, per utram-*

que partem nunc defunctæ personæ jungebatur, superstites autem fratres per patrem, solum forsan, aut matrem ei jungebantur : præponantur istius filii propriis thiis*, licèt in tertio sint gradu* (*sive à patre, sive à matre sint* thiis, *et sive masculi sive feminæ*)*, sicut eorum parens præponeretur, si viveret. Et ex diverso, si quidem superstes frater ex utroque parente conjungitur defuncto, præmortuus autem per unum parentum jungebatur : hujus filios ab hæreditate excludimus : sicut ipse si viveret ab hæreditate excludebatur. Hujusmodi verò privilegium in hoc ordine cognationis solis præbemus fratrum masculorum et feminarum filiis aut filiabus ut in suorum parentum jure succedant; nulli enim alii omninò personæ ex hoc ordine venienti, hoc jus largimus. Sed et ipsis fratrum* *filiis tunc hoc beneficium conferimus, quandò cum propriis judicantur thiis masculis et feminis, sive paterni, sive materni sint. Si autem cum fratribus defuncti etiam ascendentes (sicut jam diximus) ad hæreditatem vocantur: nullo modo ad successionem ab intestato fratris aut sororis filios vocari permittimus, neque si ex utroque parente eorum frater aut mater defuncto jungebatur.*

Quandò quidem igitur fratris aut sororis filiis tale privilegium dedimus, ut in propriorum parentum succedentes locum, soli in tertio constituti gradu, cum iis qui in secundo gradu sunt, ad hæreditatem vocentur, illud palàm est quia thiis *defuncti masculis et feminis, sive à patre sive à matre præponuntur, si etiam illi tertium cognationis similiter obtineant gradum. . . .*

« Puisque nous avons accordé « aux neveux le privilége de repré- « senter leur père ou mère et de suc- « céder par ce moyen, quoiqu'au « troisième degré avec ceux qui « sont au-deuxième, il est évident « qu'ils doivent être préférés aux on- « cles et tantes du défunt, soit pater- « nels, soit maternels, quoiqu'ils « soient comme eux au troisième « degré ».

Cette disposition est assez claire; et l'Authentique *Post fratres*, qui en a été extraite, en présente le sens d'une manière qui l'éclaircit encore. En voici les termes : *Post fratres autem ex utroque parente et eorum filios admittuntur ex uno latere fratres sororesve ; cum quibus et filii eorum, si qui eis jam decesserint. Hi autem fratrum filii, cùm pares sint defuncti fratribus, præferentur procul dubio ejusdem defuncti patruis et aliis similibus.*

« Après les frères germains et leurs « enfans on admet les demi-frères et « demi-sœurs (consanguins ou utérins), « et les enfans de ceux qui sont décé- « dés ; et comme ces enfans de frères « ont les mêmes droits que les frères « mêmes, ils sont préférés sans difficul- « té aux oncles et autres semblables ».

Guiné, Traité du droit de Représentation, pag. 91, dit que « Ludo- « vicus Romanus a été le premier « (du moins de ceux qu'il a vus) qui « a élevé des difficultés sur ces tex- « tes; il prétend en son conseil, pag. « 196, que la préférence qui est ac- « cordée par ce paragraphe, *Illud* « *palàm*, au neveu sur les oncles du « défunt, ne doit s'entendre que lors- « que le défunt a laissé des frères et « des neveux survivans ; auquel cas

« ces neveux et nièces du défunt venant à la succession par représentation de leur père avec les frères et sœurs du défunt, excluent les oncles du défunt, c'est-à-dire leurs grands oncles, parce que, par la force de la représentation qui a lieu dans ce cas, les neveux sont réputés au deuxième degré, ainsi qu'aurait été leur père s'il avait survécu ».

Gui Coquille, sur la Coutume du Nivernois, art. 8, tit. des Successions, répète à peu près la même chose, et il ajoute que c'est une erreur de croire que Justinien ait entendu préférer les neveux du défunt à ses oncles, que, puisqu'ils sont tous au même degré, ils doivent partager ensemble, et que l'opinion contraire n'a d'autre base que l'ignorance de l'interprète latin qui a mal entendu et mal expliqué le texte grec de la Novelle.

Le Brun, Traité des Successions, livre 3, chap. 5, adopte le même sentiment, et met dans un nouveau jour les raisons qui l'appuient : il convient que l'Authentique *Post fratres* établit directement la préférence du neveu à l'oncle ; mais, dit-il, *Irnerius*, qui en a été le rédacteur, s'est trompé sur le sens de la Novelle dont il s'agit.

L'opinion de ces trois auteurs, suivant la remarque de Guiné, pag. 93, ne manque pas de vraisemblance ; car on ne peut se dissimuler que le texte de la Novelle ne présente quelque ambiguité ; cependant il n'est guère possible de ne pas la rejeter, dès que l'on fait attention à tout ce que l'on y oppose.

1.° La manière dont est rédigé l'Authentique *Post fratres*, ne laisse pas d'offrir une induction considérable ; et il ne suffit pas, pour la détruire, d'avancer que les traducteurs des Novelles se sont trompés ; il faudrait le prouver clairement, car tous les docteurs suivent leur version sans difficulté.

2.° Jacques Chollet, qui a fait imprimer en 1660 un *Traité d'entre l'oncle et le neveu*, prouve par une discussion exacte du texte grec, et par la conférence des différentes éditions qui en ont été faites, que le sens de la Novelle est fidèlement rendu dans la version dont il s'agit.

« Quoique l'interprétation de Ro-
« manus, de Coquille et de Le Brun
« convienne assez aux termes de la
« Novelle, néanmoins, dit Guiné,
« pag. 94, elle pèche dans la partie
« la plus essentielle : car si on la con-
« cevait de cette manière, la dispo-
« sition de Justinien serait superflue ;
« ils prétendent que cette disposition

« ne doit produire d'effet au profit « des neveux que quand ils viennent « à la succession du défunt par repré- « sentation de leur père avec leurs « oncles frères du défunt, et que dans « ce cas seulement ils excluent leurs « grands oncles. Or dans ce cas, « quand la Novelle n'y aurait pas « pourvu, l'exclusion des oncles du « défunt serait toujours également « certaine, parce que dans ce cas ils « en seraient nécessairement exclus « par les frères du défunt qui vien- « draient de leur chef à la succession « et qui se trouveraient au second de- « gré. Or on ne peut pas raisonna- « blement présumer que Justinien « ait voulu insérer dans cette Novelle « une disposition superflue ».

4.° Le sentiment de tous les docteurs vient à l'appui de ces raisons. Barthole, en expliquant le texte dont il s'agit, dit : *Hic expressè habes quòd quandò nulli supersunt patrui qui sint fratres defuncti, tunc filii fratrum succedunt in locum patrum suorum, et præferuntur patruis defuncti qui sunt in tertio gradu.*

Cujas est du même avis en son commentaire sur le Code, titre *de legitimis hæredibus.* Voici ses propres expressions : *Notandum etiam est aliâ in re filios fratrum repræsentare patres suos, nimirùm ut excludant patruos magnos, id est, patruos patris sui vel avunculos, licèt sint in tertio gradu.*

Lorsqu'il fit ce commentaire, il connaissait la difficulté qui avait été proposée au Parlement de Paris sur cette question, et l'arrêt qui avait été rendu, lequel arrêt a donné naissance à l'art. 339 de cette loi, et qui y a été inséré; car il ajoute, *Et erat tamen nuper de eâ re summa lis Lutetiæ, dum non omnes patroni benè memoriâ tenebant sententiam hujus Novellæ, et, ne deinceps fallamur, constituamus tribus casibus tantùm, filios fratrum repræsentare vicem patrum suorum;* et il donne deux raisons de la disposition de cette Novelle:

Il tire la première de ce que la Novelle 127 appelle les enfans des frères du défunt pour venir concurremment avec les ascendans: de sorte que les ascendans excluant les oncles du défunt, c'est une suite nécessaire de dire que les enfans des frères qui viennent en concurrence avec eux les excluent pareillement.

Et il fait résulter la seconde de ce que les enfans des frères dont le père était conjoint des deux côtés avec le défunt, excluent leurs oncles frères du défunt, qui ne lui étaient conjoints que d'un côté seulement; à plus forte raison doivent-ils exclure leurs grands oncles, puisqu'ils ne peuvent être conjoints du défunt que d'un côté.

Lorsqu'on voit deux jurisconsultes aussi profonds et aussi célèbres embrasser la même opinion et que tous les autres y souscrivent, il est bien difficile de ne pas se ranger de leur parti.

5.° L'usage des pays de droit écrit confirme de plus en plus cette opinion; c'est une vérité qu'on ne peut révoquer en doute; « car dans ces « pays, dit M. le président Espiard, « en ses Observations sur Le Brun, « le neveu est préféré à l'oncle dans « la succession du défunt »...

La maxime passe pour certaine. M. de Catelan en rapporte un arrêt rendu en mars 1657, au Parlement de Toulouse; M. Grivel nous en a conservé deux autres de celui de Dol, des 15 juillet 1593 et... juillet 1660. Automne, en sa Conférence sur l'Authentique *Cessante*, assure que l'on jugeait de même au Parlement de Bordeaux. M. le président Favre, en son Code, liv. 6, tit. 31, atteste que telle était aussi la jurisprudence du Sénat de Chambéry.

Nous avons dit que le chap. 3 de la Novelle 118 avait décidé que lorsqu'il se trouvait ensemble des ascendans et des frères ou sœurs germains, ils devaient venir tous à la succession, et la partager par têtes, et qu'elle n'avait pas porté plus loin sa prévoyance; mais par la Novelle 127, chapitre 1, Justinien a déclaré que lorsquil se trouve, avec les ascendans et les frères germains, des enfans d'un frère germain prédécédé, ceux-ci doivent succéder avec ceux-là, et prendre la part que leur père aurait eue s'il eût survécu. C'est un troisième cas où la représentation doit avoir lieu.

Hoc itaque justè corrigentes, sancimus ut si quis moriens relinquat ascendentium aliquam, et fratres qui possint cum parentibus vocari, et alterius præmortui fratris filios, cum ascendentibus et fratribus vocentur etiam præmortui fratris filii, et tantam accipiant portionem, quantam eorum futurus erat pater accipere si vixisset; hanc verò sancimus de illis filiis fratris quorum pater ex utroque parente jungebatur defuncto; et absolutè dicimus ordinem quandò cum solis vocantur fratribus, eumdem eos habere jubemus, et quandò cum fratribus vocantur aliqui ascendentium ad hæreditatem.

CHAPITRE TROISIÈME.

De la Représentation suivant les anciennes Coutumes.

Nos anciennes Coutumes étaient en opposition sur les principes de la représentation. Il est difficile de concevoir comment un droit qui a la même cause, a pu produire en France des effets si différens.

Ces Coutumes formaient sept classes différentes ;

1.° Les unes excluaient absolument la représentation tant en ligne directe qu'en ligne collatérale.

2.° Les autres l'admettaient en ligne directe et la rejetaient en ligne collatérale.

3.° La majeure partie l'avait adoptée dans les termes de droit.

4.° Un grand nombre l'avait admise à l'infini dans les deux lignes.

5.° D'autres l'avaient étendue en ligne collatérale au-delà des termes de droit, sans néanmoins l'admettre à l'infini de même qu'en ligne directe.

6.° Quelques-unes, en l'admettant à l'infini en ligne directe, lui avaient donné en ligne collatérale plus d'étendue pour certaines espèces de biens que pour d'autres.

7.° Enfin, dans plusieurs Coutumes, la représentation n'était admise que pour certaines personnes ou pour des biens d'une nature particulière.

Nous préludons par dire qu'il parut en 1556 un édit de Henri II, qui introduisait la représentation dans tout le royaume; mais il ne fut point enregistré, et par conséquent il ne pouvait servir de règle pour les contestations qui pouvaient s'élever sur le droit de représentation.

PREMIÈRE CLASSE.

Coutumes qui rejetaient absolument la Représentation, soit en ligne directe, soit en ligne collatérale (1).

Ces Coutumes étaient celles de Ponthieu, art. 8; de Boulenois, art. 76; d'Artois, art. 60 et 93; de Douay, chap. 2, art. 15; de Saint-Amand, art. 133; et de Mortagne en Tournaisis, tit. des Successions, art. 2.

Nous devons observer, relativement à la Coutume d'Artois, que des lettres-patentes du mois d'avril 1773, enregistrées au Conseil supé-

---

(1) Pour ne pas distraire l'attention de nos lecteurs, nous rapporterons le texte de ces Coutumes à la fin de notre Traité.

rieur d'Arras le 7 décembre de la même année, avaient ordonné purement et simplement que « la représentation « aurait lieu à l'avenir dans toute l'é-« tendue de la province d'Artois à « l'infini en ligne directe, et aux ter-« mes de droit en ligne collatérale »; mais les circonstances dans lesquelles cette loi avait été rendue firent craindre qu'on ne l'exécutât pas; ce qui determina Louis XVI à la renouveler et à la modifier par un édit du mois d'août 1775 : cet édit fut enregistré le 29 du même mois au Parlement de Paris. Voici comment il s'exprime :

Art. 2. « Les dispositions des art. « 93 et 118 de la Coutume générale « d'Artois continueront d'être obser-« vées dans notre province d'Artois à « l'égard des biens fiefs possédés par « les personnes nobles, et de ce qui en « dépend, sans préjudice de l'exécu-

« tion des Coutumes particulières de « notredite province, dûment autorisée, qui auront admis la représentation pour lesdits biens fiefs ».

Art. 3. « A l'égard de tous les autres « biens, la représentation aura lieu « nonobstant la disposition de l'art. « 93 de ladite Coutume générale et « dans toute l'étendue de notre province d'Artois, à l'infini en ligne « directe et en ligne collatérale, aux « termes de droit, et ce à compter du « 1.er janvier 1774 ».

Art. 5. « N'entendons néanmoins « préjudicier aux contestations qui « auraient pu être introduites par « rapport à l'exécution des articles « 93 et 118 de la Coutume générale « d'Artois, lesquelles seront jugées « comme elles l'auraient été par le « passé, en conformité desdits articles ».

SECONDE CLASSE.

Coutumes qui admettaient la Représentation en ligne directe, et qui la rejetaient en ligne collatérale (1).

Ces Coutumes étaient celles de Senlis, art. 139 et 140 ; de Clermont en Beauvoisis, art. 155 et 156 ; de la ville de Lille, chap. 1, art. 15 ; de la ville de Douay, chap. 1, art. 7 ; d'Orchis, chap. 1, art. 6 ; de Valenciennes, art. 125 et 126 ; de Chimay, chap. 3 et 5 ; de Namur, art. 78 ; et de Meaux, art. 41.

TROISIÈME CLASSE.

Coutumes qui admettaient la Représentation aux termes de droit.

Ces Coutumes étaient celles de Paris, art. 319 et 320 ; d'Orléans, art.

(1) Même observation sur cette classe et les suivantes que sur la première, p. 47.

304 et 318; de Melun, art. 261 et 262; de Châlons, art. 81, 82 et 83; de Vermandois, art. 74 et 75; de Noyon, art. 15; de Saint-Quentin, art. 43; de Ribemont, art. 57 et 58; de Péronne, art. 191 et 193; de Calais, art. 110 et 11; de Chauny, art. 38 et 39; d'Amiens, art. 69 et 70; de Ham en Artois, art. 5; de la Rochelle, art. 53; de Luxembourg, tit. 11, art. 10; de Liège, chap. 11, art. 5; de Metz, évêché, tit. 11, art. 12; de Bouillon, chap. 17, art. 3 et 4; de Bar, art. 119; de Gorge, tit. 10, art. 3 et 4.

QUATRIÈME CLASSE.

Coutumes qui admettaient la Représentation à l'infini, tant en ligne directe qu'en ligne collatérale.

Ces Coutumes étaient celles de Loraine, tit. IX, art. 5; d'Anjou, art. 225; du Maine, art. 241; du grand Perche, art. 151; d'Auvergne, chap. 12, art. 9; de Poitou, art. 277; de Saintonge, art. 104; de Saint-Sever, tit. 12, art. 42; d'Acs, tit. 2, art. 31; de la Gorgue, rubrique 16, art. 118; d'Epinal, tit. 4, art. 2.

CINQUIÈME CLASSE.

Coutumes qui étendaient la Représentation en collatérale au-delà des termes de droit, sans l'admettre cependant à l'infini, de même qu'en directe.

Ces Coutumes étaient celles d'Epte, locale de Normandie, art. 1er; de Valois, art. 87; de la ville de Metz, tit. 11, art. 26.

SIXIÈME CLASSE.

Coutumes qui, en admettant la Représentation à l'infini en ligne directe, lui donnaient en collatérale plus d'étendue pour certaines espèces de biens que pour d'autres.

Ces Coutumes étaient celles de Reims, art. 309; de Normandie, art. 42, suivant le règlement de 1666, et de Saint-Jean d'Angely, art. 104...

SEPTIÈME CLASSE.

Coutumes où la Représentation n'était admise que pour certaines personnes ou pour des biens d'une nature particulière.

Ces Coutumes, que l'on appelait *hétéroclites*, se subdivisaient en deux classes; les unes faisaient dépendre la représentation de la qualité des personnes, et les autres la faisaient dépendre de la nature des biens.

Celles qui faisaient dépendre la représentation de la qualité des personnes étaient Vastan., art. 22, et Artois, suivant l'édit du mois d'août 1775.

Les Coutumes qui faisaient dépendre la représentation de la nature des biens étaient de plusieurs sortes.

Il y en avait une qui admettait la représentation aux termes de droit pour les immeubles, soit féodaux, soit roturiers, et qui la rejetait absolument pour les meubles; c'était celle de Nivernois, ch. 34, art. 13.

Il y en avait une autre qui excluait la représentation pour les immeubles, et qui l'admettait pour les meubles, mais seulement en ligne directe; c'était celle de la châtellenie de Lille, tit. 2, art. 10.

Il y avait dans la Flandre allemande un grand nombre de Coutumes qui avaient adopté la représentation à l'infini, soit en ligne directe, soit en ligne collatérale, pour les meubles et les rotures, et qui l'avaient exclue entièrement de l'une et l'autre ligne pour les fiefs; telles étaient Bourbourg, rubrique 10, art. 3; Berghes-Saint-Vinock, rubrique 19, art. 27; Cour féodale de Berghes-Saint-Vinock, rubrique 8, art. 4; Cour féodale de Bruges, rubrique 3, art. 5; pays du franc, art. 57 du livre de Partages; Furnes, tit. 11, art. 12; Cour féodale de Furnes, tit. 4, art. 1, 6 et 7; Cassel, art. 309; Nieuport, rubrique 20, art. 17; Ostende, rubrique 13, art. 1 et 3, et rubrique 17, art. 1; Fecloo, rubrique 18, art. 11; Bouchaute, rubrique 22, art. 23; Assenede, rubrique 19, art. 12; Etaires, art. 17 et 18; Poperingue, tit. 10, art. 44 et 56; Bailleul, rubrique 7, art. 1, et rubrique 8, art. 10; Gand, rubrique 26, art. 13; Courtray, rubrique 15, art. 17 et 31; Cour féodale de Courtray, rubrique 6, art. 1, 2 et 3; Oudenarde, rubrique 23, art. 10; Atost, rubrique 20, art. 44; Ninove, rubrique 4, art. 7; Termonde, rubrique 16, art. 16; pays de Waes, rubrique 2, art. 8.

CHAPITRE QUATRIÈME.

De la conciliation des apostilles de Me Charles Dumoulin sur la question de la concurrence ou préférence d'entre l'oncle et le neveu du défunt.

Ceux qui n'ont pas fait attention à la différence des Coutumes qui admettent la représentation en ligne collatérale jusqu'aux enfans des frères d'avec celles qui la rejettent entièrement, ont cru que Me Charles Dumoulin avait été de deux avis contraires sur cette question, parce que les apostilles qu'il a mises sur ces différentes Coutumes, sont réellement en opposition.

L'article 75 de la Coutume de Vermandois porte que « la représenta« tion a lieu jusqu'aux enfans des *frè« res* inclusivement, suivant la raison « écrite ».

Sur cet article ce grand jurisconsulte a mis cette apostille : « Partant, « les neveux collatéraux du défunt, « *ex fratre et sorore germanis*, ex« cluent les oncles et tantes du dé« funt, nonobstant qu'ils soient *in pari « gradu*. Text. in Auth. *de Leg. Hæ« red.* 9, *Illud palàm* ».

L'article 140 de la Coutume de Senlis veut « qu'en ligne collatérale « représentation n'ait pas lieu ».

L'apostille deDumoulin sur cet article est que les neveux du défunt doivent venir en concurrence avec leur oncle: *Quidam sine liberis obiit relictis quatuor patruis, et quatuor nepotibus, et duabus neptibus ex sorore; respondi quoad mobilia, ubicumquè sint, quæ sequuntur domicilium personæ, omnes venire æqualiter, idem de immobilibus adquisitis sub hâc consuetudine.*

Voilà la concurrence de l'oncle bien établie avec le neveu du défunt: pour marquer la différence qu'il faut faire entre ces Coutumes qui rejettent la représentation en ligne collatérale avec celles qui l'admettent aux termes de droit, Dumoulin ajoute: *Secùs dicerem in Consuetudine Valesii.*

(C'est que la Coutume du Valais admet la représentation non-seulement jusqu'aux enfans des frères, mais même jusqu'aux cousins germains), *ubi soli nepotes et neptes viriliter*. Et il remarque ensuite qu'il ne faut pas étendre cette décision aux propres du côté et ligne qu'ils doivent partager suivant la règle *Paterna paternis*, *Materna maternis*.

Il s'en faut bien que ces différentes décisions puissent servir d'aliment à la censure ; en effet elles déposent du génie de Dumoulin, qui, sans autre explication de l'opposition de ces Coutumes, nous a fait connaître et concevoir la différence de ces principes par les apostilles qu'il a mises sur chacune.

Ces expressions de la Coutume de Vermandois, *Suivant la raison écrite*, doivent être sous-entendues dans toutes les Coutumes qui admettent la représentation jusqu'aux enfans des frères; car les dispositions qu'elles ont faites conformément à la Novelle 118 suppléent suffisamment à cette énonciation. Ainsi il faut étendre la décision de Dumoulin à toutes les Coutumes de cette qualité, de même que son apostille sur la Coutume de Senlis à toutes les autres Coutumes qui rejettent aussi la représentation en ligne collatérale.

Pour établir la vérité de cette distinction dans toute son étendue, il ne reste plus qu'à rapporter les arrêts qui l'ont confirmée. « Guiné, pag. 100 « et 101, en rapporte deux; le pre- « mier du 14 avril 1570, appelé l'ar- « rêt des Juliens, a été rendu en la « Coutume de Senlis; en voici l'es- « pèce: Nicolas Julien, de la succes- « sion duquel il s'agissait, avait laissé

« pour héritiers un oncle et des ne-
« veux, et il y avait dans sa succession
« des meubles, des acquêts et des
« propres naissans : les neveux pré-
« tendaient avoir seuls toute la suc-
« cession et exclure l'oncle du défunt,
« (leur grand oncle), suivant la dispo-
« sition du droit, c'est-à-dire de la
« Novelle; l'oncle soutenait au con-
« traire que, comme cette Coutume
« n'avait pas suivi la disposition du
« droit, et qu'au contraire elle y avait
« dérogé, il y devait être admis par
« concurrence avec les neveux. Par
« l'arrêt on fit différence des propres
» naissans qui s'étaient trouvés dans la
« succession du défunt d'avec les meu-
« bles et les acquêts; on adjugea les
« propres naissans aux neveux à l'ex-
« clusion de l'oncle, mais ce fut par
« la règle *Paterna paternis*, et non
« pas sur le fondement de la Novelle

« 118 ; mais à l'égard des meubles et « des acquêts l'oncle y fut admis par « concurrence avec les neveux, et cela « conformément à l'apostille que Me « Charles Dumoulin a mise sur cette « Coutume.

« Le second est l'arrêt des Carons, « intervenu en la Coutume de Ver- « mandois le 24 mars 1578 : il n'y « avait dans la succession que des « meubles et des acquêts ; on les ad- « jugea tous au neveu à l'exclusion « de l'oncle, et cela sur le principe « qui a été posé, que dans cette Cou- « tume la représentation a lieu aux « termes de droit, et aussi en confor- « mité de l'apostille de Me Charles « Dumoulin. . . . »

CHAPITRE CINQUIÈME.

De la Représentation admise par le Code Napoléon.

« La représentation est une fiction « de la loi, dont l'effet est de faire « entrer les représentans dans la pla- « ce, dans le degré et dans les droits « du représenté, art. 739 de ce Code.

« La représentation a lieu à l'infini « dans la ligne directe descendante.

« Elle est admise dans tous les cas, « soit que les enfans du défunt con- « courent avec les descendans d'un « enfant prédécédé, soit que tous les « enfans du défunt étant morts avant « lui, les descendans desdits enfans « se trouvent entre eux en degrés « égaux ou inégaux, art. 740.

« La représentation n'a pas lieu en « faveur des ascendans ; le plus pro- « che dans chacune des deux lignes « exclut toujours le plus éloigné, art. « 741.

« En ligne collatérale la représen- « tation est admise en faveur des en- « fans et descendans de frères ou « sœurs du défunt, soit qu'ils vien- « nent à la succession concurremment « avec des oncles ou tantes, soit que « tous les frères et sœurs du défunt « étant prédécédés, la succession se « trouve dévolue à leurs descendans « en degrés égaux ou inégaux, art. « 742.

« Dans tous les cas où la représen- « tation est admise, le partage s'opère « par souches ; si une même souche a « produit plusieurs branches, la sub- « division se fait aussi par souches « dans chaque branche, et les mem-

« bres de la même branche partagent « entre eux par tête, art. 743 ».

« On ne représente pas les personnes vivantes, mais seulement celles « qui sont mortes naturellement ou « civilement.

« On peut représenter celui à la « succession duquel on a renoncé, « art. 744.

« Les parens au-delà du douzième « degré ne succèdent pas, art. 755.

« Pareillement le fils venant de son « chef à la succession du donateur, « n'est pas tenu de rapporter le don « fait à son père, même quand il au- « rait accepté la succession de celui- « ci; *mais si le fils ne vient que par « représentation, il doit rapporter ce « qui avait été donné à son père, même « me dans le cas où il aurait répudié « sa succession* », art. 848.

CONCLUSION.

Ainsi la représentation n'est ni un droit de subrogation, ni un droit de transmission; le représentant ne tient rien du représenté; le représenté ne lui communique rien; le représentant vient, *jure proprio vocatus à lege;* c'est celui qui le rappelle, qui le rapproche et qui le place à côté de celui qui avait la priorité de degré; mais il ne perd point cette priorité, quoiqu'on lui donne un concurrent. Le degré est l'ouvrage de la nature, il est incommunicable : le rapprochement est l'ouvrage de la loi, et il ne donne que le droit de concours.

CHAPITRE SIXIÈME.

Des règles générales de la Représentation, et de leur développement.

PREMIÈRE RÈGLE.

Pour être capable de représenter il faut être habile à succéder.

Le droit de représentation a la même cause que celui de succession; en effet la loi appelle pour recueillir les successions les héritiers les plus proches habiles à succéder au défunt, et elle les défère par représentation aux héritiers des plus proches habiles à lui succéder; ainsi le concours de la capacité et de la proximité est absolument nécessaire, soit pour succéder, soit pour représenter. Les enfans occupent le premier rang, et le second est pour les collatéraux.

Cette régle est aussi ancienne que le droit de succéder ou de représenter; elle ne souffre aucune exception ; elle s'observait en France lors même que les lois municipales n'étaient pas uniformes sur l'un et l'autre droit.

SECONDE RÈGLE.

Pour donner lieu à la Représentation, il ne suffit pas que le représentant soit habile à succéder, mais il faut encore (suivant la disposition du droit) *que la personne qu'il représente eût été habile à lui succéder si elle lui avait survécu.*

Cette règle est fondée sur le texte de la Novelle 118, qui porte que *tantam ex hæreditate portionem, quantam eorum parens futurus esset accipere, si superstes fuisset*, le représentant doit avoir la même portion dans la succession du défunt que la personne représentée y aurait eue; de-là il suit que si la personne représentée n'eût dû avoir aucune part dans la succession de celui dont il s'agit, le représentant ne pourrait non plus y rien prétendre.

Les auteurs qui ont écrit sur cette question distinguent avec raison deux sortes d'incapacités; les unes, disent-ils, sont absolues et naissent, en quelque manière, avec les personnes qu'elles affectent; et les autres leur sont accidentelles et proviennent de causes résultant d'événemens qui auraient pu ne pas arriver; les premières sont inhérentes aux représentans, mais il n'en est pas ainsi des secondes.

Comme cette distinction est importante, il faut rapporter littéralement le sentiment des auteurs qui l'établissent. Roblés, titre 1, chap. 11, n° 18, la développe ainsi : *Quoties pater omninò incapax non fuerit, sed potiùs aliquandò capax et ad successionem vocatus, licèt in aliquem casum aut eventum exclusus, tunc patris incapacitas non obstat filiis. Si verò incapacitas ista ita absoluta et perpetua sit, ut nullo tempore pater succedere possit, tunc ejus filius tanquàm à radice infectâ descendens, neque transversali neque ascendenti succedere potest.*

Someren, chap. 14, nomb. 9 et 10, professe la même doctrine : *Matre per statutum exclusâ, filius per repræsentationem non admittitur, ne plus juris sit in causato quàm in influente potentiâ causæ, utì doctores in hac materiâ loqui solent. Quòd si incapacitas non sit originaria aut perpetua, sed ex accidenti obveniat, repræsentatio nihilominùs obtinebit; vitium aliundè obortum vel extrinsecum per mortem evanescit, et ad casum habilitatis causa redit: personam gradumque patris nepos repræsentat, non fortuitas aut temporarias qualitates, sufficit jus successionis hîc et in potentiâ competiisse.*

Tel est aussi le sentiment de M. Bouhier, chap. 13, nomb. 76: « Disons donc avec les auteurs les mieux « instruits de cette matière (ce sont « ses propres expressions) que dans « la règle le représentant ne suc« cède point aux vices qui sont per« sonnels au représenté, et qui, pour « ainsi dire, sont accidentels; mais « autre chose est des incapacités, qui, « quoique dérivées de la personne du « représenté, ont trait sur toute sa

« postérité, et qu'à cause de cela les
« mêmes auteurs appellent perpé-
« tuelles et absolues : *Si incapacitas*
« *sit originaria et perpetua*, disent-ils,
« et après eux l'auteur du Traité des
« Partages par souches, pag. 61 ».

TROISIÈME RÈGLE.

La Représentation a lieu à l'infini en ligne directe descendante.

Rien n'est plus favorable que la représentation à l'infini en ligne directe descendante ; elle a la force de rappeler ceux qui se trouvent dans un degré éloigné, pour les faire concourir avec ceux qui sont dans un degré plus prochain ; ils sont *pars sanguinis de cujus successione agitur*. C'est pourquoi non-seulement les petits-enfans, *nepotes*, entrent dans le degré et dans la place de leur père ou mère qui se trouve vacante par leur décès ou autrement; mais si quelqu'un de ces petits-enfans était prédécédé, les enfans de ce petit-enfant, *pronepotes*, entrent pareillement dans ce degré, comme leur père y serait entré, et ils y tiennent la place qu'il y aurait tenue; et si l'arrière petit-fils était lui-même prédécédé et avait laissé un enfant, cet enfant y entrerait de même, *et sic in infinitum*, autant que la représentation peut s'étendre.

L'enfant qui succède par représentation, doit être non-seulement habile à succéder, mais il faut encore qu'il ne soit exclus par aucune cause.

Le néant ne peut avoir aucune propriété; c'est pourquoi il est évident qu'il faut exister avant toutes choses pour être capable de succéder; et comme la capacité de succéder est requise précisément au temps de l'ouverture de la succession, parce que, suivant la règle, *Le mort saisit le vif*, c'est à cette époque que l'héritier est saisi de la succession, et qu'il n'en peut être saisi, s'il n'est alors capable de succéder. Par conséquent personne ne peut prétendre avoir le droit de succéder à quelqu'un, s'il n'existait pas lors de l'ouverture de sa succession, parce que l'existence est nécessaire pour succéder.

La conséquence qui résulte de ce principe, est que l'enfant qui n'était ni né ni conçu lors de l'ouverture de la succession du défunt, ne peut prétendre avoir droit à sa succession. Voilà pourquoi si une personne lors de sa mort avait un fils et des cousins, que ce fils eût renoncé à la succession, et qu'un an après son décès il fût né de ce fils un enfant pour lequel le père réclame la succession de son aïeul, ce petit-fils sera exclus de sa succession, parce que, n'étant né ni conçu lors de la mort de son aïeul, il n'était point capable de lui succéder; les cousins du défunt par la renonciation du fils sont censés avoir été saisis de la succession dès l'instant de son décès.

Nous observons que le posthume ne peut être réputé avoir succédé qu'autant qu'il est né vivant; car celui qui naît mort, n'a jamais été au monde, et par conséquent il n'a jamais pu être capable de succéder; *qui mortui nascuntur, neque nati neque procreati videntur; quia nunquàm liberi appellari potuerunt.* L. 129, ff. *de Verb. Signif.* Cela est conforme à la loi 3, §. 9, ff. *de suis et legit. Hæred. utiquè ex lege Duodecim Tabularum ad legitimam hæreditatem is qui in utero fuit, admittitur, si fuerit editus.*

QUATRIÈME RÈGLE.

La Représentation a des limites dans la ligne collatérale.

Nous devons observer qu'avant l'existence du Code Napoléon la représentation n'avait lieu en ligne collatérale qu'entre le frère et le neveu du défunt. Il y a une grande différence entre cette représentation et celle qui a lieu en ligne directe; celle-ci étant surtout etablie pour conserver l'égalité entre les différentes lignes de la descendance et postérité du défunt, elle a lieu, soit que les enfans de ces différentes lignes soient en degré inégal, soit même lorsqu'ils sont tous en égal degré : elle a lieu quoique le défunt n'ait laissé lors de son décès ni fils ni filles, mais seulement des petits-enfans de ses différens fils ou filles prédécédés ; et le partage se fait *in stirpes*, et non *in capita* entre les petits-enfans de ces différentes lignes. Au contraire la représentation en ligne collatérale n'étant établie qu'en faveur des neveux et petits-neveux, il est évident qu'elle n'est point établie en faveur des lignes, et pour conserver l'égalité entre les différentes lignes collatérales; elle n'est établie qu'en faveur des neveux et petits-neveux, pour les faire concourir à la succession dont ils auraient été exclus sans elle par les frères et sœurs du défunt, comme plus proches en degré : cette représentation ne doit par conséquent avoir lieu que lorsqu'il se trouve lors du décès quelques frères ou sœurs du défunt qui pourraient les exclure; et quand il ne s'en trouve pas, il n'y a point lieu à la représentation; les neveux, les petits-neveux issus de différens frères ou sœurs succèdent dans ce cas de leur chef, comme étant les plus proches parens, et ils partagent la succession en autant de portions qu'ils sont de personnes.

L'orateur du Gouvernement français (M. Treilhard, conseiller d'Etat), en présentant la loi formant le titre 1 du livre 3 du Code civil, a eu raison de dire: « Le besoin de la représentation ne se fait peut être pas sentir « aussi vivement en collatérale; cependant la fiction qui donne aux « neveux la place de leur père, est « pour le moins très-favorable. Là se « bornaient les dispositions du droit « romain. Nous avons cru que la « même faveur était due aux petits-« neveux, et que la représentation « devait être toujours admise dans la « succession d'un oncle en faveur des

« descendans de ses frères et sœurs. « Nous avons trouvé les mêmes motifs « de convenance et d'affection pour « les petits-neveux que pour les ne« veux ; mais la représentation ne « peut pas s'étendre plus loin : si l'on « voulait admettre cette fiction dans « la succession des cousins, il n'y au« rait aucune raison pour s'arrêter, « et nous aurions dans notre Code la « représentation à l'infini, source in« tarissable de procès ».

Nous finissons cet article par dire que les commentateurs de la Novelle 118 qui a admis la représentation en faveur des neveux, étaient divisés sur l'effet de la représentation en ligne collatérale; Azon soutenait qu'elle ne devait point avoir lieu lorsqu'il n'existait ni frère ni sœur du défunt. Accuse, son élève, soutenait au contraire qu'elle ne laissait pas que d'y avoir lieu. Son opinion avait eu de célèbres défenseurs, Dumoulin (1), M. le président Favre (2), etc. On avait mis fin à la dispute, et l'opinion d'Azon avait été suivie ; les dispositions des art. 321 de l'ancienne Coutume de Paris, et 319 de celle d'Orléans attestent cette vérité : voici leurs propres expressions : « Mais « si les neveux en semblable degré « viennent de leur chef, et non par « représentation, ils succèdent par « têtes, et non par souches, tellement « que l'un ne prend plus que l'autre ».

CINQUIÈME RÈGLE.

La Représentation n'a point lieu entre les ascendans.

La représentation n'a point lieu entre les ascendans, parce qu'elle ne

---

(1) Sur l'art. 3 du titre 12 de la Coutume d'Auvergne.

(2) De erroribus pragmaticorum, dec. 55, err. 2.

se fait jamais qu'en remontant à la source, et non pas en rétrogradant de l'origine ; ainsi un aïeul ne saurait jamais représenter une mère.

Cette règle a pour base la Novelle 118, chap. 2 : *Si autem plurimi descendentium vivunt, hos præponi jubemus qui proximi gradu reperiuntur, masculos et feminas, sive paterni, sive materni sint ; si autem eumdem habent gradum, ex æquo hæreditas inter eos dividatur, ut medietatem quidem accipiant omnes à patre ascendentes, quanticumque fuerunt ; medietatem verò reliquam à matre ascendentes, quantoscumque inveniri contigerit.*

S'il existe plusieurs descendans, nous voulons qu'on préfère ceux qui sont dans le plus prochain degré, mâles ou femelles, soit qu'ils soient paternels, soit qu'ils soient maternels ;

s'ils sont au même degré, ils diviseront la succession entre eux de manière que les ascendans du père auront la moitié entre eux en quelque nombre qu'ils soient, et la même division aura lieu entre les ascendans de la mère.

Ainsi il résulte que la Novelle préfère l'ascendant le plus proche au plus éloigné ; de sorte que, lorsqu'il se trouve un père d'un côté et une aïeule maternelle de l'autre, le premier triomphe sans difficulté sur le second : voilà une exclusion bien formelle de la représentation entre les ascendans ; aussi a-t-il été jugé par arrêt du Parlement de Toulouse du 23 mars 1673, rapporté dans le Recueil de M. Catelan, que « le petit-fils mourant avant « son aïeule maternelle et son père, « l'aïeule maternelle n'a point de lé« gitime, ni aucune part en la suc-

« cession de son petit-fils, d'autant « que le droit de représentation n'a « pas lieu entre ascendans, suivant « l'avis de Maynard, livre 6, chapitre 96 ».

La Novelle veut que, lorsque le défunt n'a laissé ni père ni mère, mais des ascendans ultérieurs qui sont tous au même degré, mais en plus grand nombre d'un côté que de l'autre, le partage se fasse entre eux par souches.

Ricard, sur l'art. 319 de la Coutume de Paris, fait mention d'une sentence des requêtes du palais du 12 décembre 1650, qui a jugé « qu'un « particulier étant décédé sans enfans « et sans père ni mère, et ayant seu« lement laissé son aïeul paternel et « aïeule maternelle, ils devaient suc« céder par têtes ».

Le même tribunal en a rendu une semblable au commencement du siècle dernier; elle a été confimée par arrêt du Parlement de Paris du 30 mai 1702.

Les motifs de cette jurisprudence sont développés dans l'arrêt même: voici ce que contient le plaidoyer de M. l'avocat-général Le Nain, sur les conclusions duquel il a été rendu.

« La question qui se présente, n'est « décidée ni par la disposition de la « Coutume de Paris qui régit les par- « ties, ni par le préjugé d'aucun ar- « rêt; ainsi elle doit être examinée « comme une question nouvelle; ce « n'est pas dans les principes du Droit « romain qu'il faut en chercher la dé- « cision, mais dans l'esprit de la Cou- « tume de Paris, et dans l'esprit géné- « ral du Droit coutumier.

« Il y a deux principes communs à « toutes les Coutumes du royaume, « qui concourent à faire connaître le

« bien jugé de la sentence, et à éta-
« blir que les aïeuls, dans le cas au-
« quel la Coutume les admet à la suc-
« cession, doivent y venir par tête, et
« non par souches : le premier est
« que l'un ne succède jamais par sou-
« ches que lorsque l'on succède par
« représentation ; l'autre, *que les*
« *aïeuls ne sont jamais appelés par*
« *représentation à la succession de*
« *leurs petits-enfans*, mais qu'ils vien-
« nent toujours de leur chef. On peut
« dire que par cette règle on ne suc-
« cède jamais par souches que lors-
« que l'on succède par représenta-
« tion, et que toutes les fois que l'on
« succède par représentation, on suc-
« cède par souches, ne souffre aucune
« exception ; la raison en est évidente.
« Aussi, dans les différens changemens
» que le temps a apportés aux dispo-
« sitions des Coutumes par rapport

« aux successions, soit dans l'ancienne
« Coutume de Paris, soit dans la Cou-
« tume réformée, soit en directe, soit
« en collatérale, on ne s'est jamais
« écarté de cette règle: elle avait lieu
« même avant la rédaction de cette
« Coutume, comme il paraît par le
« procès verbal de l'ancienne Cou-
« tume de Paris sur les art. 123 et 133.
« C'est pourquoi M. Antoine Loysel a
« fait de cette maxime une règle en
« pays coutumier. Or il est constant
« *que les aïeuls ne succèdent jamais à*
« *leurs petits-enfans par représenta-*
« *tion*, mais de leur chef; jamais on
« ne succède par représentation que
« la loi ne l'ait décidé expressément,
« parce que l'effet de la représentation
« étant de rapprocher celui qui
« est le plus éloigné, pour le faire
« concourir avec un parent plus pro-
« che en degré, et de faire que ceux

« qui sont en même degré succèdent « quelquefois inégalement ; la repré- « sentation apporte une exception à « la règle fondamentale des succes- « sions, qui veut que les plus proches « en degré succèdent à l'exclusion « de tous les autres, et que ceux qui « sont en pareil degré, succèdent éga- « lement entre eux ; et cette excep- « tion ne saurait jamais être admise « que par une disposition précise de « la loi. La Coutume de Paris, en ap- « pelant les aïeuls à la succession de « leurs petits-enfans, ne porte pas « qu'ils y viendront par représenta- « tion ; ce qui suffirait pour les en ex- « clure ; mais elle les exclut positive- « ment par l'art. 311 d'un des effets « nécessaires de la représentation, « savoir de concourir avec ceux du « degré plus proche, puisqu'elle porte « que les aïeuls ne succèdent qu'au

« défaut des pères et mères; ce qui « emporte l'exclusion de l'autre effet « de la représentation, qui devrait « produire également ces deux effets. « Il est vrai que le Droit romain ad- « met un de ces effets, et rejette l'au- « tre, et que, suivant la Novelle 118, « les aïeuls ne succèdent qu'au défaut « des pères et mères, que cependant « ils succèdent par souches dans le cas « auquel ils sont appelés à la succes- « sion, et que quelques-unes de nos « Coutumes ont suivi cette disposi- « tion; mais il faut regarder cette « disposition de la Novelle 118 comme « une de ces irrégularités qui se ren- « contrent plus souvent dans cette « partie du Droit romain que dans « les autres, à moins qu'on ne veuille « dire, comme le prétend Domat, « que comme dans le Droit on ne « connaissait point, comme dans nos

« Coutumes, la différence des propres « et des acquêts, ni par conséquent « l'affectation des propres à la ligne « dont ils venaient, Justinien a été « obligé de se servir de ce moyen « pour empêcher que les biens d'une « famille ne passassent dans une au- « tre : quelques Coutumes, à la vérité, « sans examiner la raison de cette dis- « position, l'ont adoptée ; mais nous « qui ne sommes point soumis à l'au- « torité du Droit romain, et qui ne « le suivons qu'autant qu'il est con- « forme à la raison et à l'esprit de « nos Coutumes, ne faisons point de « difficulté de nous écarter de cette « disposition, laquelle ou n'est point « fondée en raison, ou est fondée sur « une raison qui n'a point lieu dans « le pays coutumier ».

SIXIÈME RÈGLE.

« *On ne représente que les personnes mortes naturellement ou civilement.*

La représentation, suivant la juste définition qu'en donne l'article 739 du Code Napoléon, consiste à faire entrer les représentans dans la place, dans le degré et dans les droits des représentés : delà il suit qu'on peut représenter celui qui n'occupe plus son degré, et qu'on ne peut représenter celui qui l'occupe encore ; delà est née la maxime que l'on ne peut représenter un homme vivant ;

Viventis non est repræsentatio ; on ne peut représenter une personne vivante. Et pourquoi ne peut-on pas la représenter? C'est parce que la représentation est une image de la succession ; *viventis non est hæreditas*, ou ne succède point aux personnes vivantes.

Cette maxime *viventis non est repræsentatio* est née avec le droit de succession : elle est si ancienne, que Jean Desmarets, décision 228, dit que « représentation n'a pas lieu vivant père ou mère, quand le père « ou la mère des enfans sont plus prochains de leurs parens que ne sont « leurs enfans ».

Dumoulin, en son apostille sur l'art. 241 de la Coutume du Maine, dit la même chose : *Rursùs nota*, ce sont ses termes, *quòd repræsentatio nunquàm est de personâ vivente, sed tantùm de parente mortuo naturaliter vel civiliter.* C'est pour la seconde fois que je vous avertis que la représentation ne peut jamais avoir lieu pour une personne vivante, mais seulement pour une personne morte naturellement ou civilement.

Tel est aussi le sentiment d'Auzanet sur les art. 319 et 321 de la Coutume de Paris ; de Duplessis, titre des Successions, livre Ier, chap. 1, fol. 193 ; de Ricard sur l'art. 139 de la Coutume de Senlis ; de Renusson, Traité des Propres, chap. 2, sect. 4, nomb. 2 et suiv.

Il y avait même quelques Coutumes qui avaient des dispositions expresses sur cette règle : de ce nombre était celle de Furne, tit. 11, art. 11 ; car elle dispose « qu'il n'échet point de « partage du côté ni du chef du père « ou de la mère encore vivans, non « plus en ligne directe qu'en ligne « collatérale ». L'art. 4 du titre 10 de la Coutume de Bourbourg décide la même chose.

SEPTIÈME RÈGLE.

Le représentant n'est tenu ni des faits, ni chargé du paiement des dettes de la personne représentée ; il n'est même pas nécessaire qu'il accepte la succession.

Le paiement des dettes de la personne représentée n'est pas à la charge du représentant, parce que ce n'est pas de sa main qu'il tient son droit ; c'est un bénéfice que la loi lui accorde : il est vrai qu'il entre en son lieu, mais c'est la loi qui l'y place ; la volonté du représentant n'y a aucune part : conséquemment, soit qu'il accepte la succession, soit qu'il la répudie, il n'est pas moins habile à la représenter dans un cas que dans l'autre.

Aussi Carondas, sur l'art. 319 de la Coutume de Paris, enseigne-t-il que « le petit-fils peut être héritier

« de son aïeul, encore qu'il renonce « à la succession de son père, comme « il a été jugé par arrêt du dernier « jour de décembre 1556, suivant « l'opinion de Barthole ».

C'est aussi le sentiment de Pothier, Traité des Successions, pag. 104: « Au reste, dit ce célèbre jurisconsulte, il n'est pas nécessaire que les « enfans qui succèdent par représentation, aient été héritiers de leur « père ou mère qu'ils représentent; « quoiqu'ils aient renoncé à leur succession, ils ne laissent pas de pouvoir les représenter en la succession « de leur aïeul: la raison est que la « représentation ne fait rien autre « chose que placer les représentans « dans le degré de la personne représentée, lequel se trouve vacant; placés dans ce degré, ils reçoivent directement du défunt leur part en sa

« succession ; elle ne leur est point « transmise par la personne représen- « tée, laquelle, par son décès, n'ayant « pu elle-même être héritière, n'a pu « rien transmettre de cette succession; « il n'est donc pas nécessaire qu'ils « aient été héritiers de la personne « qu'ils représentent ». La Coutume de Paris, art. 308, et la nôtre, art. 307 (celle d'Orléans) le supposent clairement.

HUITIÈME RÈGLE.

Le représentant est tenu de rapporter à la succession où il vient par représentation, tout ce qui a été donné au représenté, même dans le cas où la succession du représenté eût été abdiquée par le représentant.

Cette obligation du rapport est imposée au représentant, parce qu'il n'a droit de prendre dans la succession du défunt que la part que la personne représentée aurait dû y avoir ; et comme elle aurait été indispensablement tenue de rapporter tout ce qu'elle aurait reçu en avancement de droits successifs, le représentant est pareillement tenu de le faire.

Duplessis, dans son commentaire sur l'art. 308 de la Coutume de Paris, tom. 1, pag. 210, décide que « la « troisième sorte de rapport est que « le petit-fils venant à la succession « de son aïeul par le prédécès de son « père est tenu de rapporter tout ce « qui a été donné à son père par « l'aïeul, encore qu'il ait renoncé à « sa succession et qu'il n'ait ainsi pro- « fité d'aucune chose ; car ne venant « que par représentation de son père, « il est tenu de tout ce dont son père « aurait la charge ; il aurait été chargé « de ces rapports ; et par conséquent

« il les doit faire aussi ». C'est ce qu'é-
« tablit l'art. 308.

NEUVIÈME RÈGLE.

Les biens de la succession du représenté sont partagés de la même manière que le partage en aurait été fait entre le représenté et ses cohéritiers, et les dettes sont payées de la même manière qu'elles l'auraient été entre ces mêmes héritiers et la personne représentée.

Le représentant venant à la succession comme tenant lieu du représenté, prend dans cette succession toute la part indistinctement que celui-ci aurait prise ; pour fixer ses droits, il faut fixer ceux que le représenté lui-même aurait eus. Il faut faire le partage comme s'il était vivant. Cochin, tom. 1, pag. 283, après avoir expliqué les effets de la représentation, s'exprime ainsi :

« C'est même ce que signifie le terme de représentation ; le chef de la « ligne étant mort, il ne faudrait plus « le considérer pour la distribution « des biens ; mais par une fiction heureuse ses enfans le représentent ; « tous réunis sont regardés par la loi « comme s'ils étaient leur père même : « il semble qu'on oublie sa mort et « que, le retrouvant en d'autres lui-même, ce soit à lui personnellement que l'on défère les biens qui « lui étaient destinés.

« Il n'est point question des qualités personnelles des enfans, puisque « la loi ne les considère pas, et qu'elle « ne se propose d'autre objet que « leur père même ; l'ombre de leur « père est, pour ainsi dire, un voile « qui les couvre tous, et qui cache ce

« qui pourrait leur manquer des qua-
« lités requises par la Coutume pour
« succéder.

« Ce serait donc se faire une idée
« bien fausse de la représentation, de
« prétendre qu'elle n'opère autre
« chose que de faire remonter les en-
« fans au degré de leur père, afin
« qu'ils ne soient pas exclus par un
« parent plus proche; ce ne serait pas
« représenter celui dont on descend,
« mais prendre sa place, ce qui est
« fort différent; ce ne serait pas en-
« trer dans l'esprit de la loi et dans le
« vœu de la nature; ce ne serait pas
« réunir sur le corps des enfans les
« droits, les prérogatives du père,
« qui prennent leur source dans l'af-
« fection du défunt.

« Représenter quelqu'un, c'est être
« son image; c'est prendre par fiction
« ses traits, ses qualités, ses attributs;

« c'est se les adapter, ensorte que l'on « substitue en quelque manière un « être à un autre : au lieu que remon- « ter seulement à un degré, ce n'est « que changer de place ; ce qui ne « peut jamais se concevoir sous l'idée « de la représentation ».

DIXIÈME RÈGLE.

Quand on succède par Représentation, le partage se fait toujours par souches.

Toutes les fois qu'on succède par représentation, le partage se fait par souches et non par têtes, parce qu'on ne considère pas le nombre des têtes qui viennent à la succession, mais celui des têtes qui sont sorties immédiatement du défunt *de cujus successione agitur;* or en directe, dès que le degré des enfans n'existe plus, on succède toujours par représentation, quoique l'on se trouve en égalité de degré; de même lorsqu'il n'y a que des petits-enfans ou arrières petits-enfans; ainsi ils partagent toujours par souches : *Etiamsi sint in æquali gradu, quia sic est in lineâ directâ virtute repræsentationis*, dit Dumoulin sur l'art. 151 de la Coutume du Perche; il enseigne la même doctrine sur l'art. 306 de celle du Bourbonnois, et sur l'art. 12, tit. 9 de la Coutume d'Auvergne.

Duplessis, dans son commentaire sur l'art. 319 de la Coutume de Paris, pag. 192, après avoir dit que « la re-« présentation est un bénéfice de « droit, et qu'il y a trois observations « importantes à faire sur cette repré-« sentation, s'exprime ainsi : la pre-« mière qu'en ligne directe on ne suc-« cède jamais que par souches; ce qui

« a été ainsi établi à cause de ces re-
« présentations qui y sont admises
« jusqu'à l'infini, c'est-à-dire, qu'on
« ne considère pas la quantité des
« têtes qui viennent à la succession,
« mais la quantité des têtes qui sont
« sorties immédiatement du défunt
« *de cujus successione agitur;* chaque
« enfant sorti de lui fait une souche;
« de sorte que, quand il y en a de dé-
« cédés dont la représentation vient
« à la succession, si cette représen-
« tation est composée de plusieurs tê-
« tes, elle n'en fait néanmoins qu'une
« seule, ou, pour mieux dire, une
« souche, savoir celle de celui qu'ils
« représentent; et tous ces représen-
« tans ne prennent qu'autant qu'il
« aurait pris, et cela, parce que la
« Coutume prohibe absolument l'iné-
« galité du partage en succession di-
« recte, et que sans cette règle il

« y aurait eu des souches bien plus
« avantagées les unes que les autres. »

CHAPITRE SEPTIÈME.

Questions non décidées par le Code Napoléon, et leurs solutions.

PREMIÈRE QUESTION.

La Représentation a-t-elle lieu en matière de legs ?

Solution. Les auteurs sont divisés sur cette question ; ils conviennent cependant que, lorsque le testateur laisse des biens à sa famille *nomine collectivo*, il faut présumer que son intention a été de conformer ses dispositions à celles de la Coutume où ses biens sont situés, c'est-à-dire, par exemple, dans la Coutume de Paris, d'y admettre la représentation jusqu'aux enfans des frères, et dans la Coutume de Senlis, d'en exclure les enfans des frères, parce que cette Coutume n'admettait point la représentation en ligne collatérale.

Lorsque le testateur a dit qu'il laisse ses biens à ses plus proches parens, Legrand, sur l'art. 92 de la Coutume de Troie, glos. 3, nomb. 10, pense que cela s'entend des plus proches en degré, et que dans ce cas l'oncle exclut le neveu, parce que *ubi in dispositione hominis fit mentio de gradu, non comprehenditur sequens in gradu, quamvis talis sit qui de jure repræsentet proximiorem.*

Someren, cap. 5, num. 3, est d'avis contraire; voici ses propres expressions: *Repræsentatio purè admittenda erit, etiamsi nunc tantùm legitimos, sed proximiores sibi testamento hæredes scripserit; dùm enim non expli-*

cat testamentor quosnam sub nomine proximiores comprehendi vult vocare censendus est, eosque ex juris dispositione vel lege patriæ habentur proximiores; patruus autem non potest dici proximior nepote; nepos enim cum patruo succedens per repræsentationem, cum ipso in eodem gradu existit.

Quoique les opinions de ces deux auteurs soient directement contraires, il est facile de résoudre la question.

Celui qui exerce une libéralité, est maître d'y imposer telles conditions qu'il juge à propos; il peut spécifier les biens sur lesquels il veut qu'elle soit à prendre et en affranchir les autres; il peut ne contracter à cet égard aucune obligation personnelle, n'en point faire une charge générale de sa succession et de ses héritiers;

en un mot, il donne ce qu'il veut, comme il veut, et sur les biens qu'il veut uniquement grever : *Unicuique licet quem voluerit modum liberalitati suæ apponere.*

Lorsque le donateur ou le testateur a expliqué sa volonté, c'est une loi qu'il a faite; par conséquent il faut la suivre; mais, lorsqu'il résulte du testament ou de la donation que sa volonté n'a pas été d'admettre la représentation, il faut tenir pour certain qu'elle ne doit point avoir lieu, parce que c'est un principe incontestable que la disposition de l'homme est au-dessus de celle de la loi, *Uti quisque legassit, ita jus esto*, et que le Code Napoléon n'admet la représentation que dans les successions *ab intestat.*

SECONDE QUESTION.

Le Partage a-t-il lieu par souches, quand le défunt a laissé un frère qui a renoncé à la succession de ses neveux?

Solution. Le partage a lieu par souches dans ce cas; il suffit en effet qu'il y ait eu un frère, quoiqu'il ait renoncé à la succession, pour qu'elle ait été déférée par souche à ce frère et aux neveux des autres frères et sœurs, parce que les neveux de différentes souches ont été saisis tous ensemble de la portion déférée à leur souche: la renonciation du père n'a d'autre effet que de faire accroître sa part à ses cohéritiers, et ses cohéritiers sont les souches; d'où il suit que le partage doit toujours se faire par souches.

TROISIÈME QUESTION.

La Représentation a-t-elle lieu dans l'emphytéose ?

Solution. Ou l'emphytéose est illimitée, ou elle est à vie.

Lorsqu'elle est illimitée et qu'elle est faite au preneur purement et simplement, *ou pour lui et ses héritiers*, il n'y a point de doute que la représentation n'ait lieu : on la considère alors comme un droit purement successif; elle fait partie de l'hérédité du preneur, et conséquemment elle doit être partagée entre ses héritiers comme ses autres biens.

Lorsque l'emphytéose est limitée à la vie du preneur et à celle de ses enfans du premier degré, les petits-enfans ne peuvent y prétendre part concurremment avec leur oncle. Le Brun, Traité des Successions, chap. 5 de la Représentation, sect. 1, nomb. 9, pag. 435, estime que « si « l'emphytéose était donnée à la vie « du preneur et de ses enfans, il n'y « aurait point lieu à la représenta- « tion, l'un des enfans étant décédé, « mais bien par l'accroissement, sui- « vant l'arrêt du 23 mars 1561 ».

Brillon, dans son Dictionnaire des Arrêts, au mot *Bail*, nomb. 90, en rapporte un du Parlement de Paris, du 16 août 1522, qui a jugé que « l'em- « phytéose stipulée pour soi et pour « ses enfans ne va jusqu'aux neveux, « tellement que le neveu, enfant de « la sœur et du frère, ne doit jouir « avec son oncle; celui-ci a la jouis- « sance du tout ».

Carondas, sur l'art. 319 de la Cou- tume de Paris, enseigne que « si « l'emphytéose est baillée à la vie du « preneur et de ses enfans, les en-

« fans de l'un des enfans décédés n'y « représenteront leur père ; ainsi sa « part accroîtra aux autres enfans, « parce que ce n'est qu'un usufruit ». L. 1. Digest. *de Usufructu accrescendo*, jugé par arrêt du 23 mars 1561.

QUATRIÈME QUESTION.

Les enfans de la personne qui a renoncé à une succession, peuvent-ils la représenter?

Solution. La représentation n'a lieu que pour une personne morte naturellement ou civilement: ainsi les enfans de la personne qui appelée à une succession y a renoncé, ne peuvent la représenter : il importe peu qu'elle ait renoncé gratuitement ou *aliquo accepto ;* elle leur fait également obstacle ; sa renonciation est cause qu'ils ne peuvent exercer les droits qu'elle a abdiqués.

Suivant Le Brun, Traité des Successions, liv. 3, chap. 5, sec. 1, nomb. 14, pag. 436 : « La question de savoir « si l'on peut représenter un homme « vivant n'est pas susceptible de dif- « ficulté, puisque la raison ne veut « pas qu'on entre dans la place d'un « homme vivant qui remplit son de- « gré; aussi les principes de l'un et « de l'autre droit conviennent en ce « point. La loi *Si qua pœna*, §. 7 *de* « *His quæ sunt sui vel alieni juris*; « et la loi 2, §. *Non solùm* ff. *de excu-* « *sat. Tut.*, suppose que la représen- « tation ne se peut faire que d'un « homme mort naturellement ou ci- « vilement. Me Charles Dumoulin en « fait une observation sur l'article 241 « de la Coutume du Maine; Brodeau, « sur la lettre R de M. Louet, nomb.

« 41, art. 1 : *Il y a pourtant des espè-*
« *ces singulières où cette règle souffre*
« *exception, et où les enfans du re-*
« *nonçant représentent*; mais nous les
« avons rapportées liv. I, chap. 4,
« sect. 6, dist. 1, nomb. 25, 26, 27,
« 28 et 29 ».

CINQUIÈME QUESTION.

Les enfans de l'indigne peuvent-ils le représenter ?

Solution. Les enfans de l'indigne peuvent le représenter ; car la loi civile est en harmonie sur cette question avec la loi naturelle : en effet elle ne permet pas que les peines rejaillissent sur d'autres têtes que sur celles des coupables ; *peccata suos teneant auctores ; nec ulterius progrediatur metus, quàm reperiatur delictum.* L. 22, Cod. *de Pœnis*. Pourquoi donc les enfans subiraient-ils la peine de l'indignité de leur père? Pour admettre une exclusion aussi dure à leur préjudice, il faudrait au moins une loi bien formelle; or il n'y en a aucune; par conséquent les enfans de l'indigne peuvent le représenter.

Nous ne devons pas dissimuler que Le Brun, Traité des Successions, liv. I, chap. 4, sect. 6, dist. 3, nomb. 1, pag. 51 : « *après avoir dit que les enfans du parricide sont exclus à toujours de la succession de l'aïeul,* « ajoute qu'il y a plus de difficulté « à l'égard des enfans de l'indigne, « parce que le défaut de l'incapacité « regarde le public; mais le défaut de « l'indigne regarde le père de la succession duquel il s'agit; et premièrement si le fils, violant dans une « seule action tous les droits de la nature, a ôté la vie à celui dont il

« l'avait reçue, il est indubitable que « ses enfans ne peuvent venir en façon « quelconque à la succession de cet « aïeul ni en degré égal, ni en degré « inégal, et que dans les Coutumes « où la confiscation n'a pas lieu, ils « sont exclus par des collatéraux. « C'est la disposition de la loi *Cùm « ratione prœtereà*, ff. *de bon. dam- « nat.*, et de la loi *Lucius Titius*, « ff. *de Jure fisci* ».

Nous observons que les lois dont parle le célèbre jurisconsulte Le Brun, veulent seulement que les enfans ne puissent profiter d'une succession acquise à leur père par le meurtre d'un parent; mais il s'agit dans ces lois d'une transmission et d'une succession ordinaire; elles sont très-justes à cet égard; car comment le père pourrait-il transmettre à ses enfans des biens que la loi lui enlève pour les adjuger au fisc? Mais autre chose est de la représentation qui transfère immédiatement la succession du défunt au représentant sans reposer sur la tête du représenté.

SIXIÈME QUESTION.

Les enfans de l'exhérédé peuvent-ils le représenter lorsqu'il est vivant?

Solution. Les enfans de l'exhérédé ne peuvent le représenter lorsqu'il est vivant; la raison de notre décision est qu'on ne peut représenter un homme vivant, que cet exhérédé, quoique exclus de la succession par l'exhérédation, n'est point privé de son état civil, et qu'il occupe son degré dans la famille du défunt, quoiqu'il soit exclus de sa succession par une raison particulière, la représentation ne peut donc placer ses enfans dans ce degré, puisqu'il est rempli; d'ailleurs il éluderait la peine de l'exhérédation, s'il pouvait recueillir pour ses enfans sa part dans la succession dont il est exclus.

Le Brun, Traité des Successions, liv. 3, chap. 5, sect. 2, nomb. 16, pag. 440, après avoir rapporté les raisons des auteurs en faveur des enfans s'explique ainsi : « Voilà la plupart « des objections de ceux qui soutien- « nent le parti des enfans de l'exhé- « rédé; mais, pour en dire mon avis, « j'estime déjà indéfiniment que, « quand il y a plusieurs branches et « que le fils exhérédé a survécu, ses « enfans sont absolument exclus, « parce qu'ils ne pourraient venir que « par représentation : or l'on ne re- « présente jamais un homme vivant, « suivant Me Charles Dumoulin, en sa « note sur l'art. 241 de la Coutume du

« Maine, je ne dis pas que l'on ne re« présente pas un incapable, mais « bien que l'on ne représente jamais « un homme vivant ».

Valin, dans son Commentaire sur l'art. 55 de la Coutume de la Rochelle, tom. 3, nomb. 12, pag. 89, se propose ainsi notre question : « *Quid* des « enfans de l'exhérédé légitimement, « sans que l'exhérédation ait été ré« voquée expressément ou tacite« ment ? On distingue : si l'exhérédé « est mort avant le père, ses enfans ne « sont pas exclus, à moins que l'ex« hérédation n'ait eu pour cause un « mariage contracté malgré le père « et hors des règles, *ne invito patre* « *hæres nascatur* ; mais si l'exhérédé « a survécu, ses enfans sont exclus « tout comme lui, comme ne pouvant « représenter un homme vivant. . . »

SEPTIÈME QUESTION.

Les enfans de l'exhérédé peuvent-ils le représenter lorsqu'il est prédécédé ?

Solution. Les enfans de l'exhérédé peuvent le représenter lorsqu'il est prédécédé. La faute qui a fait mériter l'exhérédation à l'exhérédé, lui est personnelle ; l'exhérédation qui en est la peine, lui doit être aussi personnelle ; elle ne doit par conséquent rejaillir sur les enfans, ni les empêcher de recueillir la succession de leur aïeul par représentation de leur père exhérédé ; l'exhérédation n'ayant été prononcée que contre la personne de l'exhérédé pour l'exclure personnellement de la succession, cette exhérédation est anéantie par son prédécès.

Le Brun, Traité des Successions,

liv. 3, chap. 5, sect. 2, nomb. 17, pag. 441, estime « que si le fils exhé-« rédé est prédécédé, il faut avouer « que, s'il y a de la difficulté, c'est en « cette espèce, parce qu'il faut éten-« dre la peine pour priver ses enfans « qui se trouvent dans le plus pro-« chain degré, et qui ne sont point « exhérédés ; enfin, outre que la der-« nière confirmation manque à cette « exhérédation du fils, n'y ayant « point d'exhérédation, fût-elle par « un contrat de mariage, que le père « ne puisse rétracter quand il lui « plaît, il se trouve alors que le père « a exhérédé celui qui au moyen de « son prédécès ne devait pas être son « héritier, et qu'il n'a pas deshérité « ceux qui sont ses héritiers : *ainsi*, « *comme c'est une maxime que les* « *peines ne s'étendent jamais, j'es-* « *time que régulièrement les enfans*

« *de l'exhérédé peuvent venir en ce* « *cas à la succession* ».

Duplessis, dans son Commentaire sur l'art. 319 de la Coutume de Paris, pag. 193, tom. 1, après avoir posé cette maxime indubitable que *le fils étant exhérédé par ses père et mère, et ne pouvant venir à leurs successions, ses enfans ne le peuvent aussi, non pas par une participation de l'indignité, qui ne s'étend point, mais parce que leur père qui remplit le degré, leur fait obstacle*, ajoute : « C'est pourquoi si « l'enfant exhérédé *décède aupara-* « *vant son père*, les petits-enfans vien- « dront à la succession de l'aïeul, « nonobstant l'exhérédation qui a été « faite par leur père, *parce que cette* « *exhérédation est personnelle*, et « qu'ils viennent *jure suo*, si ce n'est « au cas du mariage suivant l'ordon- « nance de 1539 ».

HUITIÈME QUESTION.

L'incapacité que produit la qualité d'étranger, empêche-t-elle de le représenter?

Solution. Pour décider cette question il faut commencer par poser pour maxime certaine qu'il y a deux sortes d'incapacités: les unes, nous l'avons déjà dit, sont absolues et naissent, pour ainsi dire, avec les personnes qu'elles affectent; elles sont perpétuelles; et les autres leur sont accidentelles, et ont pour cause des événemens qui auraient pu ne pas arriver.

Les premières incapacités sont héréditaires; c'est pourquoi les représentans en sont frappés; elles passent de la tête du représenté sur la leur: mais les secondes ne produisent pas le même effet, parce qu'elles ne sont que relatives : de là nous concluons que la qualité d'étranger empêche de le représenter, parce que c'est une incapacité absolue, qui rejaillit par conséquent sur ses parens.

NEUVIÈME ET DERNIÈRE QUESTION.

Les enfans de l'homicide sont-ils indignes de le représenter?

Solution. Les enfans de l'homicide ne sont pas exclus de le représenter, parceque l'homicide ne rend indigne que celui qui l'a commis par sa faute : les fautes sont personnelles ; ainsi les enfans ne doivent pas être punis pour le crime atroce de leur père : *magis visum est nepotem neque verbis neque sententiâ legis aut edicti prætoris ex personâ, vel notâ patris sui, excludi à bonis aviti liberti. Divi fratres*, ff. *de Jure patroni.*

PREMIÈRE CLASSE.

Texte des Coutumes qui rejetaient absolument la Représentation.

PONTHIEU, art. VIII.

PAR la Coutume générale de ladite Comté, en matière de succession représentation n'a aucun lieu, et si les plus proches parens et héritiers apparens d'aucun défunt renoncent à la succession qui leur serait échue et qui leur devrait appartenir, si appréhender la voulaient, ou s'ils sont négligens de l'appréhender, les autres parens en-dessous ou du plus lointain degré du défunt peuvent et leur loit eux porter et fonder héritiers d'icelui défunt.

BOULONNOIS, art. LXXVI.

Entre neveux ou nièces desquels les pères et mères sont morts prétendant la succession de leur grand-père ou mère, l'aîné mâle d'iceux neveux succède entièrement en tous les héritages de sesdits grand-père ou mère; et sil n'y a point de mâle, la nièce aînée y succède, et n'y ont tous les autres neveux ou nièces aucune part ou portion; car on n'a en telle succession aucun regard aux pères et mères d'iceux neveux ou nièces, parce que, comme dessus est dit, représentation n'a point lieu.

ARTOIS, art. XL.

Représentation n'a lieu en matière de succession.

HAINAULT, chap. XC, art. V.

Représentation n'a lieu en succession de fief non plus en ligne directe que collatérale, même les enfans du second mariage ou autres subséquens succéderont ès fiefs patrimoniaux de leur père ou mère à l'exclusion des descendans de leur frère ou sœur de précédent mariage.

SECONDE CLASSE.

Texte des Coutumes qui admettaient la Représentation en ligne directe et la rejetaient en ligne collatérale.

SENLIS, art. CXXXIX et CXL.

Item. En succession de ligne directe représentation a lieu, c'est à savoir la fille ou fils du frère représenteront leur père trépassé à l'encontre de leur oncle ou tante en la succession de leur aïeul ou aïeule.

Item. En ligne collatérale représentation n'a point de lieu.

CLERMONT en Beauvoisis, art. CLV et CLVI.

Représentation aura lieu en ligne directe et non en ligne collatérale.

Quand il y a enfant mâle du fils aîné survivant son père, ou venant à la succession de ses aïeul ou aïeule, il représente sondit père au droit d'aînesse; et s'il n'y a que des filles, elles représentent leurdit père toutes ensemble pour une tête, et partissent avec leur souche sans droit d'aînesse quant auxdites filles, fors et excepté que la fille aînée aura le chef-lieu, comme il est dit ci-dessus.

De la ville de LILLE, chap. I, art. XV.

Par ladite Coutume représentation a lieu en ligne directe tant seulement.

De la ville de DOUAI, chap. I, art. VII.

Représentation aura dorénavant lieu en succession de ligne directe seulement.

ORCHIES, chap. I, art. VI.

Représentation a lieu en ligne directe, en quelque degré que ce soit, mais non en ligne collatérale.

VALENCIENNES, art. CXXV.

Quand aucuns conjoints vont de vie à trépas délaissant enfant ou enfans de seul mariage, iceux enfans représenteront leurs père et mère en succession tant meubiliaire qu'immeubiliaire de leur grand-père ou grand-mère, pour y avoir telle part et portion qu'y auraient leurs père et mère s'ils étaient vivans.

CHYMAI, chap. XIII.

S'il advenait qu'aucuns frères ou sœurs germains allassent de vie à trépas délaissant frères et sœurs vivans, ou plusieurs frères ou sœurs dont les aucuns fussent trépassés avec enfans;

en ce cas lesdits frères et sœurs vivans succéderont à leurs frères et sœurs germains trépassés par égale portion, sans que lès enfans de leursdits frères et sœurs décédés y puissent rien avoir ni prétendre aucun droit, tant qu'il y ait frère ou sœur germains vivans, non plus aux acquêts qu'au patrimoine, s'il n'y a condition au contraire.

NAMUR, art. LXXVIII.

Représentation n'aura point lieu en ligne collatérale.

MEAUX, art. XI.

La Coutume de Meaux doit être placée dans cette classe; car elle veut, article XLI, *qu'en ligne directe la représentation ait lieu;* et comme elle ne parle nullement de la ligne collatérale, il est clair qu'elle est censée en exclure la représentation. On objectera sans doute que les cas omis par les Coutumes doivent être suppléés par le droit commun; mais 1.° le droit commun, dans le temps de la rédaction de la Coutume de Meaux, était pour l'exclusion de la représentation en collatérale. Ce n'est que postérieurement qu'ont été rédigées toutes les Coutumes qui disposent autrement sur ce point. 2.° L'ancienne Coutume de Meaux n'admettait la réprésentation ni en ligne directe ni en ligne collatérale; la nouvelle ne l'a admise que dans la première; on ne peut donc supposer qu'elle ait lieu dans la seconde : les lois correctives des anciennes ne peuvent être étendues au-delà de leurs termes précis. Enfin la chose a été jugée ainsi par arrêt prononcé en robes rouges le 16 avril 1585; il est rapporté par Robert, Montholon et plusieurs autres.

Divers jugemens rendus dans l'ancienne Coutume de Valenciennes confirment la décision de cet arrêt. L'article CI de cette Coutume admettait pareillement la représentation en directe et ne disait rien de plus; mais le décret d'homologation ordonnait expressément *d'interpréter* cette loi municipale *par le droit écrit* et *non autrement.* Cette circonstance devait, ce semble, empêcher qu'on ne regardât le silence de la Coutume, par rapport à la ligne collatérale, comme exclusif de la représentation. Cependant, comme rien n'est plus naturel que de prendre l'admission expresse de ce droit dans un seul cas pour un titre d'exclusion dans les autres, et que d'ailleurs il avait toujours passé pour constant avant la rédaction de 1540 que la représentation n'avait pas lieu en collatérale, on a jugé qu'elle ne devait point encore être admise dans le nouvel état des choses. M. Cuvelier en rapporte un arrêt du Grand Conseil de Malines de 1608, confirmatif d'une sentence des prévôt, jurés et échevins de Valenciennes; et il ajoute que ces juges municipaux avaient jugé de même par sentence des 23 novembre 1556, 9 mai 1560, et 31 mai 1595, dont il n'y avait point eu d'appel.

Tout cela s'applique aussi à la Coutume de Cambrésis; elle déclare, tit. XII, art. XXV, « que la représentation en « succession aura lieu, *pour l'avenir*, « en ligne directe, tant en fiefs, main-« morte, que meubles ». On ne peut rien, comme on le voit, de plus conforme à l'esprit et à la lettre de l'ancienne Coutume de Valenciennes. Ainsi, quoique l'ancienne Coutume de Cambrésis renvoie également à la décision du droit commun les cas qu'elles n'a pas prévus, on ne doit pas laisser d'en exclure la représentation en collatérale, et tel est d'ailleurs l'usage constant et invariable de la province.

TROISIÈME CLASSE.

Texte des Coutumes qui admettaient la Représentation aux termes de droit.

PARIS, art. CCCXIX et CCCXX.

En ligne directe, représentation a lieu infiniment, et en quelque degré que ce soit.

En ligne collatérale, représentation a lieu, quand les neveux ou nièces viennent à la succession de leur oncle ou tante, avec les frères et sœurs du décédé, et audit cas de représentation, les représentans succèdent par souches et non par têtes.

ORLÉANS, art. CCCIV et CCCXVIII.

En ligne directe, représentation a lieu infiniment, et en quelque degré que ce soit.

En ligne collatérale, les neveux et nièces viennent par représentation à la succession de leur oncle ou tante, avec les frères et sœurs du décédé; et en cas de représentation, les représentans succèdent par souches et non par têtes; et outre ledit degré, représentation n'a lieu.

CHALONS, art. LXXX, LXXXI et LXXXII.

Enfans de plusieurs frères et sœurs viennent à la succession de leurs oncles et tantes par représentation de leur père ou mère avec leurs frères, autres oncles et tantes par souches et non par têtes; mais si lesdits oncles et tantes étaient prédécédés, tous y viennent de leur chef, et partissent ladite succession par têtes et non par souches.

Représentation a lieu en ligne directe infiniment, tant en fief qu'en roture; et viennent les enfans à la succession de leur aïeul ou aïeule, par souche et non par tête, soit avec leurs oncles ou avec leurs cousins germains, iceux oncles prédécédés; et ne prennent plusieurs enfans de l'un des frères en ladite succession, plus que fait l'enfant seul et unique de l'autre frère, lequel entièrement prend tout ce que son père eut pris en icelle succession, s'il eust survescu.

En ligne collatérale, représentation a lieu jusqu'aux enfans des frères et sœurs inclusivement suivant la raison écrite.

VERMANDOIS, art. LXXIV et LXXV.

Représentation a lieu en ligne directe infiniment, tant en fief qu'en roture, et viennent les enfans à la succession de leur aïeul ou aïeule par souches et non par têtes, soit avec leurs oncles ou avec leurs cousins germains, iceux oncles prédécédés ; et ne prennent plusieurs enfans d'un des frères en ladite succession plus que fait l'enfant seul et unique de l'autre frère; lequel prend entièrement tout ce que son père eut pris en icelle succession, s'il eust survescu.

En ligne collatérale, représentation a lieu jusqu'aux enfans des frères et sœurs inclusivement suivant la raison écrite.

NOYON, art. XV.

En ligne directe, représentation a lieu infiniment, tant pour les fiefs, rotures qu'autres biens; et en ligne collatérale, a lieu jusqu'aux enfans des frères et sœurs inclusivement.

SAINT-QUENTIN, art. XLIII.

Représentation a lieu en ligne directe infiniment; et en ligne collatérale, jusqu'aux enfans des frères inclusivement, tant en fief qu'en roture.

RIBEMONT, art. LVII et LVIII.

En ligne directe, représentation a lieu infiniment.

En ligne collatérale, représentation a lieu jusqu'aux enfans des frères et sœurs inclusivement.

PÉRONNE, art. CLXXXXI et CLXXXXV.

Réprésentation a lieu en ligne directe infiniment, tant en fief qu'en roture, et viennent les enfans en la succession de leur aïeul ou aïeule par souche et non par tête; soit avec leurs oncles ou avec leurs cousins germains, iceux oncles prédécédés, et ne prennent plusieurs enfans d'un des frères en ladite succession, plus que l'enfant seul et unique de l'autre frère; lequel prend entièrement tout ce que son père eut pris en ladite succession s'il eut survécu.

En ligne collatérale, représentation a lieu jusqu'aux enfans des frères et sœurs inclusivement.

CALAIS, art. CX et CXI.

En ligne directe, représentation a lieu infiniment, et en quelque degré que ce soit; et viennent les enfans représentans leurs père et mère en la succession de leurs aïeuls ou aïeules, par souches et non par têtes, soit avec leurs oncles ou leurs cousins germains, iceux oncles prédécédés.

En ligne collatérale, représentation a lieu quand les neveux ou nièces viennent à la succession de leur oncle ou tante, avec les frères et sœurs du décédé ; et audit cas, les représentans succèdent par souches et non par têtes.

CHAUNY, art. XXXVIII et XXXIX.

En ligne directe, représentation a lieu infiniment ; et prennent les enfans en part pareille en la succession de l'aïeul ou aïeule qu'eût pu faire leur père ou mère prédécédé.

En ligne collatérale est admise ladite représentation jusqu'aux enfans des frères et sœurs, père ou mère, ou autres parens, iceux héritages, doivent retourner au plus prochain parent dudit défunt en ligne descendante du côté dont sont procédés lesdits héritages, sans retourner aux ascendans, posé qu'ils fussent en plus prochain degré : toutefois ils auraient fait don desdits héritages à leursdits enfans ; en ce cas, ils y succéderaient par droit de reversion, selon la raison escrite.

AMIENS, art LXIX et LXX.

Représentation en ligne directe a lieu infiniment; et viennent les enfans représentans leurs père et mère en la succession de leurs aïeuls ou aïeules, par souches et non par têtes, soit avec leurs oncles ou leurs cousins germains, iceux oncles prédécédés.

Représentation en ligne collatérale a lieu jusqu'aux enfans des frères et sœurs inclusivement.

HAM en Artois, art. V.

En matière de succession en ligne directe, représentation a lieu; et aussi en ligne collatérale, tellement que les neveux partissent avec l'oncle.

LA ROCHELLE, art. LIII.

Représentation en ligne directe a lieu *usque ad infinitum;* mais en ligne collatérale entre les frères et enfans desdits frères seulement.

LUXEMBOURG, tit. XI, art. X.

Bien entendu que représentation aura lieu pour l'advenir au regard des enfans des frères et sœurs défunts, selon la disposition du droit commun pour succéder au lieu et en la place de leurs père et mère trespassé, avec leurs oncles et tantes, pourvu qu'ils soient tous de la même ligne dont le bien est procédé, parce qu'en succession de biens tenant côté et ligne, frères, sœurs, oncles, tantes, neveux, nièces et autres parens plus éloignez estant de ladite ligne, excluent tous ceux qui ne sont d'icelle ligne.

LIÉGE, chap. XI, art. V.

En ligne collatérale, représentation n'a lieu qu'en premier degré; si comme entre les oncles et neveux.

METZ, évêché, tit. XI, art XII.

En ligne collatérale, quand les neveux ou nièces viennent à la succession de leur oncle ou tante, avec ou sans les frères et sœurs, ou décédés, et audit cas de représentation, les représentans succèdent par souche et non par tête.

BOUILLON, chap. XVII, art. III et IV.

Frères et sœurs, ou leurs enfans en ligne directe, succéderont à leurs père et mère et aïeuls ; savoir, les enfans des représentés par branches avec leurs oncles et tantes, qui y viennent par tête.

Héritiers collatéraux en pareil degré succèdent par tête comme y venant de leur chef, et n'y aura représentation, voire contester que les neveux et nièces en succession de leurs oncles et tantes jouiront de la représentation.

BAR, art. CXIX.

Représentation en ligne directe a lieu *ad infinitum*; et en ligne collatérale jusqu'aux enfans des frères et sœurs germains du décédé inclusivement selon le droit civil.

GORZE, tit. X, art. III et IV.

En ligne directe, représentation a lieu *ad infinitum*, en quelque degré que ce soit, et en toute sorte de biens.

En ligne collatérale, elle a seulement lieu jusqu'aux enfans des frères et sœurs germains du décédé inclusivement, outre lequel degré le plus proche exclut le plus remot.

Observation. Ces coutumes n'étaient pas entièrement conformes à la novelle de Justinien, puisqu'elles accordaient en ligne directe et collatérale aux mâles quelques prérogatives dans les fiefs à l'exclusion des filles.

QUATRIÈME CLASSE.

Texte des Coutumes qui àdmettaient la Représentation à l'infini tant en ligne directe qu'en ligne collatérale.

LORRAINE, tit. IX, art. V.

Et quant aux héritages anciens, parce qu'ils doivent suivre le tronc et souche d'où ils sont descendus, fourchaient, retournant aux parens de l'estoquage des lignes d'où ils sont mouvans et descendans, selon que chacun s'y trouve capable de son chef, ou *par représentation*, sans aucune considération de la proximité des uns en degré plus que des autres, *parce que représentation, tant en ligne collatérale que directe, a lieu infiniment;* et sont telles formes de successions communément dites et appelées *reversemens de lignes*.

ANJOU, art. CCXXV.

Et est à savoir qu'en toutes successions, soit nobles ou roturières, représentation a lieu audit pays tant comme l'on peut trouver, nommer et montrer le lignage.

MAINE, art. CCXLI.

Et est à savoir qu'en toutes successions, soit nobles ou roturières, représentation a lieu esdit pays, tant comme l'on peut trouver, nommer et montrer lignage.

Grand PERCHE, art. CLI.

Entre nobles et roturiers représentation a lieu infiniment, tant en ligne directe que collatérale, et succèdent les descendans en collatéraux du défunt étant entre eux en pareil ou inégal degré par souches et non par têtes.

AUVERGNE, chap. XII, art. IX.

Représentation a lieu tant en droite ligne que collatérale *usque in infinitum* audit pays coutumier.

POITOU, art. CCLXXVII.

En toutes successions, soit nobles ou roturières, directes ou collatérales, représentation a lieu infiniment, tant que le lignage se peut compter et reconnaître.

SAINTONGE, art. CIV.

Représentation a lieu *in infinitum*, soit en ligne directe ou collatérale, tant que le lignage se peut montrer et compter.

SAINT-SEVER, tit. XII, art. XLII.

Par la Coutume de ladite prévôté, en toutes successions représentation a lieu, tant en ligne directe que collatérale *usque ad infinitum;* et par représentation chacun succède en tout ce que celui qu'il représente, devrait succéder s'il vivait.

ACS, tit. II, art. XXXI.

Représentation a lieu *in infinitum*, soit en droite ligne descendante, ou en ligne collatérale, et suffit que le représenté soit de la qualité requise à être préféré, ou admis à succéder, jaçoit que le représentant ne le soit.

LA GORGUE, rubrique XIII, art. CXVIII.

Représentation a lieu, tant en ligne directe que collatérale *in infinitum*, et se partit le bien toujours *in stirpes et non in capita.*

EPINAL, tit. IV, art. II.

En ligne directe et collatérale représentation a lieu infiniment en toutes sortes de biens.

CINQUIÈME CLASSE.

Texte des Coutumes qui étendaient la Représentation en collatérale au-delà des termes de droit, sans l'admettre cependant à l'infini, de même qu'en directe.

EPTE, locale de Normandie, art. I.

Des usages locaux des vingt-quatre paroisses qui sont au-delà de la rivière du même nom.

En ligne directe représentation a lieu en quelque degré que ce soit, et en ligne collatérale jusqu'au second degré inclusivement.

VALOIS, art. LXXXVII.

Désormais représentation aura lieu en ligne directe *in infinitum*, et quant à la ligne collatérale jusqu'aux enfans des frères et sœurs inclusivement, lesquels représenteront leurs pères ou mères pour venir à la succession de leurs oncles ou tantes et de leurs cousins ou cousines germains.

La ville de METZ, tit. XI, art. XXVI.

En succession collatérale les neveux succèdent par représentation avec leurs oncles et les arrières-neveux avec les neveux; mais quand il n'y a que des arrières-neveux, représentation cesse, et partagent par tête, et au-dessous les plus proches excluent les plus éloignés et remots.

Observation. Les Hollandais donnaient à la représentation la même étendue que les rédacteurs de la coutume de Metz; ils admettaient comme eux le petit neveu à succéder avec le neveu.

SIXIÈME CLASSE.

Texte des Coutumes qui, en admettant la Représentation à l'infini en ligne directe, lui donnaient en collatérale plus d'étendue pour certaines espèces de biens que pour d'autres.

REIMS, art. CCCIX.

Représentation a lieu tant en ligne directe que collatérale infiniment ; quant aux roturières, et quant aux fiefs, représentation en ligne directe a aussi lieu infiniment et en ligne collatérale, jusqu'aux enfans des frères seulement, comme il a été dit ci-dessus.

NORMANDIE, art. CCCIV.

En succession de meubles, acquêts et conquêts immeubles, en ligne collatérale représentation a lieu entre les oncles et tantes, neveux et nièces, au premier degré tant seulement.

Art. 42 du réglement de 1666.

En succession en propre, représentation a lieu jusqu'au septième degré, auquel cas la succession est partagée par souches et non par têtes même en ligne collatérale, soit que les héritiers soient en pareil ou en degré inégal.

SAINT-JEAN-D'ANGELI, art. CIV.

Représentation a lieu *in infinitum*, soit en ligne directe ou collatérale, tant que le lignage se peut montrer et compter.

Observation. Cette disposition paraît comprendre toutes les espèces de biens; on trouve cependant dans La Peyrère un arrêt du Parlement de Bordeaux, du 20 juin 1695, qui a jugé qu'elle n'a lieu que pour les propres, et que la représentation est restreinte pour les meubles et acquêts dans les termes de droit.

SEPTIÈME CLASSE.

Texte des Coutumes où la Représentation n'était admise que pour certaines personnes, ou pour des biens d'une nature particulière.

VASTAN, art. XXII.

Par ladite Coutume représentation en ligne directe et collatérale a lieu, et s'étend selon la forme de disposition de droit écrit et non plus, et a lieu seulement entre les roturiers.

NIVERNOIS, chap. XXXIV, art. XIII.

En succession collatérale, représentation a lieu entre frères et sœurs, et enfans de frères et sœurs du défunt *et non ultrà*, sauf les meubles pour lesquels représentation n'a lieu, mais aviennent au plus prochain de la chair.

Châtellenie de LILLE, tit. II, art. X.

Représentation n'a lieu en succession, sauf en ligne directe, pour biens meubles et réputés pour meubles seulement.

Voilà le texte des Coutumes que nous avons citées pag. 47, 48, 49, 50, 51, 52, 53 et 54; il est extrait du Coutumier général, en quatre volumes, *édition de* MDCCXXIV; nous invitons nos lecteurs à ne consulter que cette édition.

FIN.

TABLE
DES CHAPITRES.

CHAPITRE PREMIER.

CHAPITRE SECOND.

CHAPITRE TROISIÈME.

CHAPITRE QUATRIÈME.

CHAPITRE CINQUIÈME.

CHAPITRE SIXIÈME.

CHAPITRE SEPTIÈME.

FIN DE LA TABLE.

ERRATA.

Pag. 53, lig. 8, de Normandie, art. 42, suivant le, etc., *lisez :* art. 304, et 42 du règlement de 1666.

Pag. 56, chap. IV, lig. 4, de la concurrence ou préférence d'entre l'oncle et le neveu du défunt, *lisez :* de concurrence ou préférence entre l'oncle et le neveu du défunt.

Pag. 85, lig. 6, que l'un, *lisez :* que l'on.

www.ingramcontent.com/pod-product-compliance
Ingram Content Group UK Ltd.
Pitfield, Milton Keynes, MK11 3LW, UK
UKHW020602180726
13838UKWH00001B/379